D1937917

Chuck Spezzano

Der Weg zum idealen Partner

30 Schritte zu einer erfüllten Partnerschaft

Verlag Via Nova

Übersetzung aus dem Amerikanischen:
Jutta Herr

Originaltitel:
30 days to find your perfect mate
The step-by-step guide to happiness
and fulfilment
erschienen bei Vermilion, London

1. Auflage 2000
Verlag Via Nova, Neißer Straße 9, 36100 Petersberg
Telefon und Fax: (06 61) 6 29 73
Internet:
www.verlag-vianova.de
www.transpersonal.com

Gestaltung des Buchtitels: Helga Lückens, 65618 Selters
Satz: typo-service kliem, 97647 Neustädtles
Druck und Verarbeitung: Rindt-Druck, 36037 Fulda

© Alle Rechte vorbehalten
ISBN 3-928632-70-1

Inhaltsverzeichnis

Danksagung

Jedes Buch ist in Wahrheit ein Familienprojekt. Schließlich ist es die Familie, die den Autor in die Welt entlässt. Ich möchte meiner Frau Lency für ihre liebevolle Unterstützung und die ersten Redigierarbeiten an diesem Buch danken sowie meinen beiden Kindern Christopher und J'aime. Ich danke Peggy Chang für die Texterfassung und ihre allgemeine Unterstützung sowie meinem Herausgeber Frank Perry – euch beiden ein herzliches Dankeschön dafür, dass ihr eure Fähigkeiten zu diesem Buch beigesteuert habt. Ich danke *Ein Kurs in Wundern* für die Saat der Heilung in meinem Leben und all das, was er mich gelehrt hat; und ich möchte auch meinen Klienten, den Teilnehmern meiner Seminare und meinen früheren Freundinnen danken, die mich im Laufe der Jahre so vieles gelehrt und mir so viel gegeben haben. Diese Danksagung wäre unvollständig ohne meinen Dank an Sandi Mollod für ihre Vorschläge und ihre Unterstützung bei der Druckvorbereitung dieses Manuskriptes. Mein Dank geht auch an Sam Westmacott für die Klugheit, die klärende Bearbeitung und die abschließenden Redigierarbeiten an diesem Buch. Und zu guter Letzt geht mein Dank noch einmal an dich, Lency, meine Ehefrau, Partnerin und wahre Lebensgefährtin. Wo wäre ich ohne dich?

Einführung

Dieses Buch ist als eine Erkundungsreise, als ein Abenteuer gedacht. Zu Beginn meiner therapeutischen Tätigkeit war ich als Psychologe an einem Rehabilitationszentrum für Drogenabhängige beschäftigt. Damals entdeckte ich, dass es etwas gab, das für die Teilnehmer am Rehabilitationsprogramm noch wichtiger war als Drogen, nämlich grundlegendes Wissen für die eigene Heilung, die Heilung ihrer Beziehungen und ihrer Familien zu erhalten.

Dieses Buch enthält einen großen Schatz an erprobten und genauen Informationen, die in den vergangenen zwei Jahrzehnten bei Tausenden von Menschen, die in meine Praxis kamen oder meine Seminare besuchten, mit Erfolg angewendet wurden. Diese Forschungsreise in dein Innerstes kann dir viel Schmerz, Zeit und Geld ersparen und dich natürlich dabei unterstützen, deinen Idealpartner zu finden.

Einfach ausgedrückt, wird dir der Prozess, durch den dich dieses Buch führt, Erfolg bringen, wenn du es wirklich willst. Es wird eine ganze Reihe von Übungen vorgestellt, durch die allein es schon vielen Menschen gelungen ist, den eigenen Partner zu einem idealen Partner zu machen bzw. ihn zu finden.

Die dreißig Lektionen sind hauptsächlich auf zwei Schwerpunkte ausgerichtet: Es geht zum einen darum, in deinem Leben Raum für einen Partner zu schaffen, und zum anderen, deinen Idealpartner in dein Leben einzuladen. Diese Gedanken mögen dir seltsam vorkommen und deiner Art zu denken zunächst völlig fremd sein, aber lasse dich dadurch nicht verwirren, das gehört zum Prozess dazu. Du wirst lernen und wachsen, während du dieses Buch durcharbeitest.

Vertraue deiner Intuition. Was auch immer dir gerade „in den Sinn kommt", ist neben der Hypnose der einfachste Weg, um den bewussten Verstand zu umgehen, der sich so gut zu verteidigen weiß. Ob du dir dessen bewusst bist oder nicht, du benutzt deine Intuition die ganze Zeit. Durch deine Intuition siehst du die Welt so, wie du glaubst, dass sie beschaffen sei. Das Allermindeste, was deine Intuition dir präsentiert, ist die metaphorische Wahrheit, sind die symbolischen Muster deiner Überzeugungen. Wenn es bei dir jedoch so ist wie bei den meisten Menschen, dann wird dein Geist dir die wirkliche Wahrheit präsentieren, wie sie deinem Wissen entspricht. Auf tieferen Ebenen arbeitet unser Geist fast ausschließlich mit Bildern und selten direkt in Worten; darum ist deine Intuition ein wirkungsvolles und effektives Werkzeug.

Wenn du deine Intuition benutzt, entsteht dadurch ein natürlicher Fluss von lebensspendender Energie, der für dich und andere hilfreich ist.

Der denkende Verstand und das Gedächtnis sind Werkzeuge, reine Hausgäste deines Egos. Sie stützen das in dir vorherrschende Persönlichkeitssystem; und das ist der Grund dafür, dass dein Gedächtnis so bequem und praktisch deine Lebensgeschichte unterstützt, die aber nicht unbedingt etwas mit der höchsten Wahrheit (in der kein Schmerz vorhanden wäre) zu tun haben muss, geschweige denn mit der relativen Wahrheit (wie sich die Dinge aus objektiver Sicht wirklich ereigneten).

Lerne deine Intuition kennen; sie wird dir helfen, aus der trennenden Unabhängigkeit herauszukommen und dich in Richtung Partnerschaft und Interdependenz, d. h. wechselseitige Abhängigkeit, zu begeben.

Wenn dir zu einer Frage in diesem Buch nicht gleich etwas einfällt, dann rate einfach. Eine solche Antwort ist wesentlich zutreffender, als wenn du dich durch deinen logischen Verstand hindurcharbeitest, um eine Antwort zu finden. Wenn dir keine Antwort in den Sinn kommt, dann könnte dies bedeuten, dass es auf diese Frage keine Antwort gibt, weil sie für das betreffende Ereignis nicht so wichtig ist. Andererseits könnte es aber auch bedeuten, dass du in diesem Bereich starke Schutzmechanismen aufgebaut hast. Wenn du das Gefühl hast, dass die Frage nicht unbedingt wichtig ist, dann trifft die erste Möglichkeit zu; wenn du dich aber angespannt oder aufgewühlt fühlst, dann handelt es sich wahrscheinlich um Letzteres. Nimm dir einfach ein wenig Zeit, um meditativ bei diesem Thema zu verweilen, bis sich die Antwort entfaltet.

Dieses Buch arbeitet mit spirituellen, wenn nicht sogar religiösen Prinzipien, da alle höheren psychologischen Prinzipien spiritueller Natur sind. Wenn ich mich auf das „Höhere Bewusstsein" beziehe, dann benutze ich damit eine Metapher, um eine Erfahrung zu beschreiben, die aus unserem Inneren kommt und zu der wir alle Zugang haben. Dieser Ausdruck mag für manche Menschen neu und gewöhnungsbedürftig sein, vor allem für jene unabhängigen Menschen, die am liebsten alles selber machen! Doch das „Höhere Bewusstsein", auch „Kreatives Bewusstsein" genannt, kann uns jede Menge Zeit sparen und ist der effektivste Teil unseres Geistes. Es hilft dem Menschen auch, die nötige Reife für Partnerschaft und Interdependenz (wechselseitige Abhängigkeit) zu erlangen.

Manchen Menschen fällt es aufgrund ihres religiösen Hintergrundes leichter, andere Begriffe zu verwenden, wie Gott, Höhere Macht, Jesus, Buddha, Mohammed, Heiliger Geist etc. Sie alle beziehen sich auf dieselbe innere Erfahrung.

Am Anfang deiner Arbeit mit dem Höheren Bewusstsein können im Rahmen des natürlichen Heilungsprozesses auch Reaktionen auf die eigene Religionserziehung hochkommen. Der Begriff „Höheres Bewusstsein" lässt sich einfach auf deine eigenen religiösen Überzeugungen übertragen, da das verwendete spirituell-psychologische Prinzip über die Metaphern der einzelnen Religionen hinausgeht. Der Begriff, mit dem du dich am wohlsten fühlst, wird für dich auch am besten funktionieren, ganz gleich, ob du diese Erfahrung „Heiliger Geist", „Kreatives Bewusstsein" oder „Höhere Macht" nennst.

Wenn ich also vom „Höheren Bewusstsein“ spreche, dann beziehe ich mich auf jenen sowohl spirituellen als auch transzendenten Teil des Geistes, dessen Aufgabe es ist, sich unserer Probleme und Konflikte anzunehmen. Es handelt sich um jenen Teil, der alle Antworten kennt. Ihm wohnt große Kraft inne, und er wird nicht so oft in Anspruch genommen, wie dies möglich wäre. Für mich hat er sich als große Inspirations- und Informationsquelle erwiesen, und ich habe mich seiner immer mit guten Resultaten bedient, wenn ich mit größeren Fallen oder Konflikten konfrontiert war. Er macht das Leben leichter, da er sich des „Seins“ und der Gnade bedient, statt durch „Tun“ etwas erreichen zu wollen.

Wenn es auch zunächst ungewohnt sein mag, mit diesem Teil deines Geistes zu arbeiten, so lohnt es sich doch, diesen Weg zu gehen. Ich habe herausgefunden, dass das Ausmaß der Schwierigkeiten im Leben eines Menschen dem Grad entspricht, zu dem er versucht, alles selbst zu machen, statt einfach durch sich hindurch die Dinge geschehen zu lassen.

Am besten ist es, wenn du jeden Tag eine Lektion des Buches durcharbeitest; wenn du jedoch nicht die Zeit hast, dich jeden Tag mit einer Lektion zu beschäftigen, oder wenn dich eine Lektion so tief berührt, dass du dich mehrere Tage lang mit ihr befassen willst, dann ist dies ebenfalls in Ordnung. Dadurch wird der Prozess nicht beeinflusst. Vertraue deinem Instinkt in Bezug auf die Arbeit mit diesem Buch. Du wirst das Richtige tun. Wenn du dazu bereit bist, können Wunder geschehen.

Wenn du dann deinen Idealpartner gefunden hast, wirst du feststellen, dass diese Lektionen und die darin beschriebenen Prinzipien auch in anderen Lebensbereichen hilfreich sind. Wende die Prinzipien weiterhin an, dann werden sie dir helfen, deinen Idealpartner zu behalten.

Es könnte auch sein, dass du dich nach dem ersten Lesen dieses Buches erneut mit den darin enthaltenen Prinzipien befassen möchtest. Dafür gibt es viele Möglichkeiten. Du könntest zum Beispiel das Buch einfach auf einer beliebigen Seite aufschlagen und dich dann mit dem Prinzip befassen, das auf dieser Seite steht. Ein völlig neues Leben könnte sich vor dir auftun. Es gibt viel zu entdecken. Ich wünsche dir alles Gute für dein Abenteuer und eine glückliche Beziehung!

Bevor du anfängst

Dieses Buch handelt von vielen Dingen. Es ist eine Einführung in die Psychologie des Unterbewusstseins. Es ist ein Buch über funktionierende Beziehungen. Vor allem aber ist es ein Buch, das dich dabei unterstützen kann, dir zu erlauben, deinen Idealpartner zu finden. Und falls du aus irgendeinem Grunde noch nicht für deinen Idealpartner bereit sein solltest, kann es dir immerhin dabei helfen, den nächsten Beziehungspartner zu finden. Du kannst dieses Buch aber auch auf andere Lebensbereiche anwenden, es sogar für die Suche nach einem neuen Arbeitsplatz oder als Unterstützung beim nächsten wichtigen Schritt in deinem Leben einsetzen.

Mit den Prinzipien, die in diesem Buch erläutert und dir als Werkzeug angeboten werden, geht auch ein gewisses Maß an Verantwortung einher. Du bist aufgefordert, dich deiner Integrität zu erinnern, denn ohne sie kannst du das, was du manifestiert hast, weder empfangen noch fühlen und darum auch nicht genießen. Wenn du zum Beispiel lediglich aus Spaß an der Freude eine Beziehung nach der anderen eingehst, so machst du das, was potentiell unsere größte Quelle für persönliches Wachstum ist, nämlich die Beziehung, zu einem bloßen Spiel und einer Falle. Dein Spiel lässt sich dafür verwenden, Geld, Sex, Kraft, Beziehungen und Erfolg etc. auf wesentlich weniger zu reduzieren, als sie wert sind. Dein Ego sammelt mit Begeisterung Trophäen, um seine eigene Größe aufzubauen. Wir spielen solche Spielchen, statt zu empfangen und zu lieben. Diese Spielereien bieten einen erhöhten Adrenalinspiegel und einen gewissen Reiz als Ersatz für echtes Glücklichsein. Eine armselige Wahl, wenn auch ein weit verbreiteter Fehler in unserer heutigen Gesellschaft.

Wenn du mit diesem Dreißig-Schritte-Programm zu arbeiten beginnst, dann halte dir bitte die Bedeutung deines persönlichen Wachstums vor Augen, jetzt im Moment und für den Rest deines Lebens. Deinen Idealpartner in dein Leben einzuladen ist erst der Anfang. Danach ist es dann an der Zeit, sich mit Liebe, Intimität, Vergebung, Verbindlichkeit, Kommunikation und Loslassen zu beschäftigen und all die anderen wirkungsvollen Lektionen zu lernen, die das Wachstum und die Entfaltung einer Beziehung ermöglichen. Ansonsten wirst du einen Idealpartner nach dem anderen finden, ohne in der Lage zu sein, mit ihm eine enge Verbindung einzugehen, ihn zu lieben und diese Liebe zu genießen.

Es ist wichtig zu erkennen, ob du so unabhängig oder unreif bist, dass du das andere Geschlecht „ausplünderst". Ein solches Nehmen verschafft lediglich dem Ego Befriedigung und macht die Unfähigkeit, Gefühle zu empfinden, Freude zu erleben und zu empfangen, nur noch größer. Es ist eine Falle. Du kannst aus dieser Falle herauswachsen, wenn du dich für das Voranschreiten entscheidest.

In Hawaii haben wir einen sehr treffenden Ausdruck für diese Art von Nehmen. Er bedeutet in etwa „so lästig wie eine Küchenschabe sein", die erst in der Dämmerung aktiv wird, wenn man sie kaum sieht: also ein heimliches, verstohlenes Nehmen, während man so tut, als brauche man überhaupt nichts. Wir verhalten uns auf diese Weise, wenn wir von den frühen Wunden in unseren Beziehungen oder Familien noch nicht genesen sind.

Du musst nicht perfekt sein, um eine Beziehung zu haben. Wenn das der Fall wäre, dann hätte niemand von uns eine Beziehung. Doch wenn du eine Beziehung eingehst, dann erkenne deinen Heilungsbedarf und sei bereit, dir von deinem Partner helfen zu lassen. Natürlich besteht der Sinn deines Lebens vor allem darin, glücklich zu sein – und das kann dir eine Beziehung bieten. Wenn du nicht glücklich bist, dann ist der nächste wichtige Sinn unseres Daseins angesagt, nämlich Heilung. Eine Beziehung bringt nicht nur alles ans Licht, was der Heilung bedarf – in Teamarbeit und mit der richtigen Einstellung bietet sie auch die Unterstützung und die Mittel, damit Heilung geschehen kann.

Beziehungen sind der schnellste Weg für persönliches Wachstum – und bieten die größten Fallgruben. Das macht Beziehungen zu einem so zentralen Punkt in unserem Leben, wenn es um Glück oder Leid und all die anderen entscheidenden Lebensaspekte wie Gesundheit, Geld und Erfolg geht.

Die beschriebenen Prinzipien funktionieren auch, wenn du nicht daran glaubst. Wenn du bereits voll und ganz von ihnen überzeugt wärest, würdest du dieses Buch nicht benötigen. Es ist jedoch wichtig, diese Prinzipien zu lesen und danach zu handeln, so gut du nur kannst. Es gibt eine Reihe grundlegender Prinzipien und Übungen, von denen jede einzelne zu einer idealen Partnerschaft führen könnte. Miteinander kombiniert, lassen sie Offenheit, Bereitschaft, Attraktivität und Kreativität entstehen.

Diese Prinzipien und Übungen wurden von mir in über zwölfjähriger Tätigkeit als Eheberater und in insgesamt über zweiundzwanzigjähriger Therapeutentätigkeit entwickelt. Und was noch viel wichtiger ist, ich habe all diese Prinzipien selbst ausprobiert. Jetzt biete ich dir diese Prinzipien an, so wie ich sie bereits meinen Freunden und Klienten angeboten habe, damit du, wie diese Menschen vor dir, entdecken kannst, dass der Schlüssel zu Freiheit und Glücklichsein in dir liegt.

Das Durcharbeiten dieser dreißig Lektionen ist eine Investition in deine Größe und Fülle als menschliches Wesen. Je mehr du sie anwendest, desto mehr werden sie dein Bewusstsein erweitern und dein Vertrauen und deine Selbstachtung aufbauen. Mit diesem Buch lässt du dich wieder einmal auf ein großes Abenteuer ein: dich selbst kennenzulernen und das glückliche Leben zu haben, das du verdienst. Ich wünsche dir viel Glück dabei!

Chuck Spezzano — Hawaii, Mai 1992

1. Schritt

Der menschliche Geist ist etwas Wunderbares

Der menschliche Geist ist etwas Wunderbares, da er grenzenloses Potential besitzt. Für gewöhnlich ist unser Leben durch Grenzen derart eingeschränkt, dass wir uns zuweilen völlig erdrückt fühlen von all den Dingen, mit denen wir scheinbar zu kämpfen haben. Es liegt in unserer Natur, dass wir unsere Grenzen überschreiten wollen.

Der Sufimystiker Rumi sagt, dass wir 70 000 Schritte aus der Dunkelheit ins Licht gehen müssen, um in den Himmel zu gelangen. Ungeachtet dessen, ob diese Zahl wörtlich zu verstehen ist oder nicht, enthält diese Metapher ein Stück Wahrheit in Bezug auf das, was für das Erlangen eines erleuchteten Bewusstseins erforderlich ist.

Unser Geist hat die Fähigkeit zu heilen, die Wahrheit zu erkennen, Wünsche zu manifestieren, die Zeit zu transzendieren, schwierige Lebensprobleme zu lösen und vieles andere mehr. Die meisten Menschen haben Angst vor ihren geistigen Fähigkeiten und bleiben in ihrer jeweiligen Situation gefangen, als ob sie versuchen wollten, ihre eigene Machtlosigkeit zu beweisen. Doch aufgrund meiner Arbeit mit vielen Tausenden von Opfern weiss ich, dass der Geist die Fähigkeit besitzt, selbst in scheinbar noch so ausweglosen Situationen eine Lösung zu finden. Wenn ein Mensch wirklich bereit ist, einen Ausweg aus seiner Situation zu finden, dann erscheint auch die Antwort, oder es öffnet sich zumindest eine Tür in Richtung Ausweg.

Nach Aussage der Wissenschaftler nutzen wir etwa vier Prozent unseres geistigen Potentials. In den 70er Jahren des 20. Jahrhunderts ging man noch davon aus, dass wir ungefähr zwölf Prozent unseres Potentials nutzen; in den darauf folgenden zwei Jahrzehnten haben neue Erkenntnisse jedoch zu einem besseren Verständnis der geistigen Fähigkeiten geführt. Ich nenne diese vier Prozent den „bewussten Geist".

Jenen Teil des Geistes, der die meisten Antworten für uns bereithält, nenne ich das Höhere Bewusstsein. Diese Bezeichnung eignet sich am besten für jenen Teil deines Geistes, der alle Antworten kennt. Dein gesamtes Leben wird einfacher werden, wenn du beginnst, mit diesem Teil deines Geistes zu arbeiten, denn es ist seine ganz spezielle Aufgabe, deine Probleme zu lösen; und er tut dies mit einer solchen Geschwindigkeit, dass es so aussieht, als sei dein bewusster Geist Teil des Problems, anstatt ein Teil der Lösung, wie du wahrscheinlich bisher geglaubt hast.

Übung zum 1. Schritt

Wenn du die Übungen zu den einzelnen Kapiteln durcharbeitest, lege stets ein Blatt Papier bereit, damit du die Fragen schriftlich beantworten bzw. deine Gedanken zu den Übungen aufschreiben kannst. Wenn du magst, kannst du auch ein Tagebuch anlegen, um deinen täglichen Fortschritt auf dem Weg zum idealen Partner festzuhalten.

1. *Nimm ein Problem aus deinem Leben und schreibe es so genau und konkret wie möglich auf.*
2. *Spüre allen damit verbundenen Gefühlen nach.*
3. *Stelle dir vor, dass du bereit bist und den Mut hast, die Lösung zu finden.*
4. *Stelle dir dann vor, wie du das ganze Problem deinem Höheren Bewusstsein übergibst. Es gibt nur zwei Arten von Bewusstsein: das Höhere Bewusstsein und das Persönlichkeits-Bewusstsein. Das Persönlichkeits-Bewusstsein ist ganz und gar damit beschäftigt, eine Geschichte aufzubauen, die sich um dich und deine Besonderheit rankt. Du machst dich dann zu etwas Besonderem, wenn du einen Mangel an Selbstwertgefühl verspürst. Das Höhere Bewusstsein, das deinen wahren Wert kennt, hat einzig und allein den Wunsch, dir die Gnade zu schenken, durch die all deine Probleme geheilt werden können.*
5. *Sei bereit, alles zu tun, wozu du dich inspiriert fühlst, um das Problem zu verändern. Wann immer du an die Vergangenheit denkst, sei dir einfach dessen bewusst, dass sie für dich geregelt wird. Die Antwort zu erhalten ist einfach. Die Antwort nicht zu erhalten ist schwierig.*

1. Schritt

Dein persönlicher Fortschritt auf dem Weg
zum idealen Partner

2. Schritt

Über die Bedeutung von Wertgefühlen

Wert verschafft Bedeutsamkeit. Dein Selbstwertgefühl bestimmt somit, wie du deine eigene Bedeutung erfährst. Dein Leben, deine Erfahrungen und all das, was die Welt dir zuteil werden lässt, reflektiert deine verborgenen Gefühle in Bezug auf deinen eigenen Wert.

Die schlechte Nachricht besteht leider darin, dass die meisten Menschen sich selbst nur sehr wenig wertschätzen. Die durchlebten Schuld- und Unwürdigkeitsgefühle führen dazu, dass Menschen sich aufopfern (wobei es sich um jene Art des Gebens handelt, welche das Empfangen blockiert), dass sie hart arbeiten statt klug zu handeln, und dass sie in ihrem Leben bestimmte Rollen ausagieren (noch mehr von jener Art des Gebens, die kein Empfangen erlaubt und dem Gebenden niemals eine Belohnung zukommen lässt). Rollen führen dazu, dass man sich ausgebrannt fühlt, und sie sind ein Versuch, mangelndes Selbstwertgefühl zu kompensieren. Genau dieser Mangel an Selbstwertgefühl ist es auch, der die Menschen dazu treibt, dass sie nur noch schaffen und tun und machen. Er erlaubt weder Frieden noch Freude und Fülle.

Die gute Nachricht ist die, dass Schuld- und Unwürdigkeitsgefühle nicht die Wahrheit sind. Bei Schuldgefühlen handelt es sich einfach um einen Fehler, für den du dich bestrafst. Schuldgefühle lassen dich stecken bleiben. Sie sorgen dafür, dass der Fehler fest an seinem Platz bleibt, und sie hindern dich daran, die Lektion zu lernen, die du einfach und natürlich daraus lernen könntest. Schuldgefühle sind die Ursache für deinen Mangel an Selbstwertgefühl; auf tiefster psychologischer Ebene sind Schuldgefühle eine Form von Vermeidungsverhalten, das dich von deinem Wachstum abhält. Doch alle Schuldgefühle lassen sich auflösen.

Du verdienst eine ganze Menge mehr. Es ist dein Selbstwertgefühl, das es dir letztlich erlaubt, einen Partner von ebenbürtigem Wert anzuziehen. Deine Selbstwertgefühle bestimmen auch, welche Art von Erfahrungen du mit diesem Partner machen wirst. Wenn du dir einen idealen Partner wünschst, musst du lernen, selbst ein idealer Partner zu sein.

Übung zum 2. Schritt

1. *Mache dir heute bewusst, was du von dir denkst, indem du deine eigenen Handlungen und das Verhalten der Welt dir gegenüber näher betrachtest.*
   Was ich von mir denke: ...
2. *Werde dir bewusst, wann du dich unglücklich fühlst und wann du dieses Gefühl des Unglücklichseins durch Aufopferung, durch gesteigerte Aktivität oder durch die Suche nach anspruchslosen Vergnügungen kompensierst. Diese Aktivitäten dienen lediglich dazu, Orte der Wertlosigkeit zu verbergen.*
   Ich fühle mich unglücklich, wenn ...
3. *Wenn du dich in einer Situation ertappst, die dich auf deinen Mangel an Selbstwertgefühl aufmerksam macht, so triff eine neue Entscheidung in Bezug auf dich selbst.*
   Ich habe folgende neue Entscheidungen getroffen: ...

Du kannst jederzeit eine neue Wahl treffen, darin liegt deine größte Macht und Kraft. Wenn dir das, was du erlebst, nicht gefällt, so triff als erstes bewusst die Entscheidung, dass dir die Situation nicht gefällt. Frage dann dein Höheres Bewusstsein in Ruhe nach deinem wirklichen Wert.

Lausche auf das, was kommt.

Die Worte deines Höheren Bewusstseins kommen immer in Begleitung der Gnade; das bedeutet zum Beispiel, dass du dich sofort glücklich fühlst, wenn dir dein Höheres Bewusstsein sagt, glücklich zu sein. Dein Höheres Bewusstsein spricht mit der Reinheit der Wahrheit, und du hörst und erfährst es auf diese Weise. Bitte dein Höheres Bewusstsein, dir deinen wahren Wert zu zeigen. Wenn du dein Höheres Bewusstsein die Führung übernehmen lässt, so können sich sogar extrem chronische Situationen drastisch in positiver Richtung verändern.

Manche Menschen glauben, ihr Partner sei dazu da, ihnen Selbstwertgefühl zu geben. Das ist letztlich völlig kontraproduktiv, denn all das, wonach du im Außen suchst, um deinen eigenen Wert zu beweisen (durch Tun oder Haben), verdeckt deinen Mangel an Selbstwertgefühl und sorgt dafür, dass der Mangel bestehen bleibt. Dein Wert ist in dir. Er zeigt sich dadurch, wieviel du von dir gibst und wieviel du dir selbst zu empfangen erlaubst.

Ich widme .... meine Aufmerksamkeit bzw. verbringe meine Zeit damit, über .... nachzudenken; ich gebe Dinge auf, damit ich .... kann.

All dies sind Wege, Gefühle der Wertlosigkeit zu verbergen. Benutze deine Beziehung nicht dazu, dir deinen eigenen Wert zu beweisen, sondern nutze deine Beziehung, um für dich und deinen Partner Glück zu erschaffen. Wähle deinen Partner als Weggefährten auf deinem Wachstumspfad, als Begleiter, mit dem du gemeinsam die Abenteuer des Lebens bestehen und die Chancen des Lebens erkunden kannst.

2. Schritt

Dein persönlicher Fortschritt auf dem Weg zum idealen Partner

3. Schritt

Der Sinn des Lebens

Glücklich zu sein ist der Sinn des Lebens. Eigentlich ganz einfach, doch die meisten von uns schlagen auf der Straße zum Glück die falsche Richtung ein. Wenn wir nicht glücklich sind, wird Heilung zu unserer vordringlichsten Aufgabe. Der Sinn einer Beziehung liegt erstens im Glücklichsein und zweitens in der Heilung. Dies geschieht durch Liebe, Kommunikation und Vergebung. Wenn du gemäß deiner Lebensaufgabe lebst, so erfährst du Erfüllung. Jeder von uns hat seine ganz persönliche Lebensaufgabe, die nur er erfüllen kann.

Beziehungen liefern uns die Motivation und den Brennstoff zur Erfüllung unserer persönlichen Lebensaufgabe – den Weg zu unserem Glücklichsein. Auf dem Weg durchs Leben bieten Beziehungen die nötige Unterstützung für unsere Selbstheilung. Sie legen die Wunden unserer Vergangenheit bloß, damit wir kontinuierlich wachsen können. Die Vergangenheit wird in gegenwärtigen Beziehungsmustern erneut durchlebt, was uns die Gelegenheit zur Heilung bietet. Wird uns in einer Beziehung das Herz gebrochen, so liegen die Wurzeln dafür in der Vergangenheit, und es handelt sich dabei eigentlich um das erneute Erleben eines vergangenen Herzensbruchs. Aus diesem Grunde wird durch die Heilung des alten Herzensbruchs auch der gegenwärtige Beziehungsschmerz geheilt.

Übung zum 3. Schritt

Dein Höheres Bewusstsein wird dir dabei helfen, gemäß deiner Lebensaufgabe zu leben und dein Glücklichsein zu verwirklichen. Es besitzt einen Plan für dein Glück, der erfolgreich sein wird. Sei bereit, deinen eigenen Plan zum Glück loszulassen. Schau dir an, in wieweit dein eigener Plan bisher tatsächlich funktioniert hat. Deine unterbewussten Absichten haben eindeutig zu anderen Resultaten geführt als von deinem Verstandesbewusstsein beabsichtigt. Hier handelt es sich offensichtlich um eine Spaltung des Bewusstseins.

Dein Höheres Bewusstsein ist ein Ort des Heilseins, der keine Ambivalenzen kennt, und es möchte nichts anderes, als dass du glücklich bist.

Lasse deinen eigenen Plan zum Glück gehen und überlasse deinem Höheren Bewusstsein die Führung. Sei bereit, alles zu tun, wozu du dich inspiriert fühlst, aber gönne deinem Verstand eine Ruhepause. Je mehr du eine Beziehung zu deinem Höheren Bewusstsein entwickelst, desto mehr wirst du auf ganz natürliche Weise ein interdependentes Verhältnis, eine Beziehung in wechselseitiger Abhängigkeit, zu den Menschen in deinem Umfeld bekommen, auch zu deinem zukünftigen Idealpartner. Es handelt sich dabei um eine natürliche Voraussetzung, nicht nur um den Idealpartner zu finden, sondern auch, um ihn zu behalten. Denke daran, dass dein Wunsch nach der richtigen Beziehung von Natur aus ein Teil deiner Lebensaufgabe ist. Idealpartner und Partnerschaft, du hast beides verdient.

Was ich wirklich will, ist …

Was ich habe, ist …

Ich werde bekommen, was ich wirklich verdiene, den idealen Partner und das Beste vom Leben.

3. Schritt

Dein persönlicher Fortschritt auf dem Weg zum idealen Partner

4. Schritt

Du hast das, was du willst

Mit dieser Lektion beginnen wir unseren ersten großen Vorstoß ins Unterbewusstsein. Was in deinem Leben vorhanden ist, entspricht genau dem, was du willst, denn es ist das, was du gemacht und dir beschert hast. Wenn du etwas anderes haben möchtest, musst du dein Denken ändern, denn dadurch kannst du Welt verändern.

Eine der grössten Fallen, die uns das Leben stellt, besteht darin, die Rolle des Opfers zu spielen, weil wir glauben, dass wir das, was wir haben, gar nicht wollen. Wenn du zu erkennen beginnst, dass du derjenige bist, der die Entscheidungen trifft, wenn auch auf einer unterbewussten Ebene, kannst du beginnen, deine Entscheidungen bewusst zu treffen, und dadurch wird deine Chance wesentlich größer, das zu bekommen, was du wirklich willst.

Ich habe mich selbst vor dem Tod bewahrt, vor einem Autounfall, vor unzähligen Erkältungen und grippalen Infekten, und zwar einfach dadurch, dass ich mir jener Entscheidung bewusst wurde, die wir im Bruchteil einer Sekunde fällen und sofort unterdrücken, um keine Verantwortung übernehmen zu müssen. Durch die Anwendung dieses Prinzips habe ich Menschen unterschiedlichster Herkunft geholfen, sich selbst aus Tausenden von schmerzhaften Situationen zu befreien.

Der erste Schritt besteht darin, dein eigenes Leben unter dem Gesichtspunkt des Prinzips „Du hast das, was du willst" zu betrachten. Niemand wünscht sich absichtlich Schmerz, doch erst heute Morgen hat mir eine Frau erzählt, dass sie sich in ihrem Leben nur ein einziges Mal in Frieden fühlte, und das war, nachdem sie sich selbst verletzt hatte. Sich selbst zu verletzen war ihr Versuch, Schuld abzuzahlen. Doch selbst auferlegte Bestrafung kann Schuld weder auflösen noch verringern. Sie ist nur eine Notmaßnahme, die nicht funktioniert.

Es gibt mehrere Schlüsselfaktoren, deren Dynamik zu Situationen führt, die wir scheinbar nicht haben möchten: Angst; die Suche nach Aufmerksamkeit (ein Versuch, Liebe zu bekommen oder einen Partner zurückzugewinnen); das Bemühen, die eigenen Bedürfnisse erfüllt zu bekommen (der Versuch, etwas Besonderes oder andersartig zu sein); Rache; das Festhalten an einer alten Beziehung; das Angreifen anderer, während man so tut, als sei man unschuldig; der Versuch, die Familie zusammenzuhalten; der Versuch, jemanden zu kontrollieren oder ihn dahin zu bekommen, dass er sich für uns aufopfert; und vieles andere mehr.

Bei alleinstehenden Menschen, die sich unbedingt einen Partner wünschen (aber keinen finden können), stoße ich sehr häufig auf die Angst, die eigene Unabhängigkeit oder Freiheit zu verlieren. Diesen Menschen ist paradoxerweise nicht bewusst, dass wir wahre Freiheit erst dadurch erfahren, dass wir uns auf den anderen einlassen.

Wenn du beginnst, die Erfahrungen deines Lebens genauer unter die Lupe zu nehmen, insbesondere die Frage, warum du deinen Idealpartner noch nicht gefunden hast, können viele Gefühle hochkommen: Ärger, Abwehr, Verleugnung, Schuldgefühle, Schmerz, Zweifel, Schamgefühle, Ungläubigkeit und Traurigkeit. Nimm die Gefühle einfach wahr und sei dir dessen bewusst, dass du sie wahrnimmst. Kein negatives Gefühl entspricht letztlich der Wahrheit. Dieses Prinzip ist die Basis aller Heilungsarbeit und der Grund dafür, dass alle schmerzlichen Gefühle und Situationen transformiert werden können.

Denke daran, dass du das Prinzip „Du hast das, was du wirklich willst“ aus dem Grunde näher betrachtest, um dich aus all den starren Gefängnissen, dem vergrabenen Schmerz und den damit einhergehenden Schuldgefühlen zu befreien, die dich die ganze Zeit begleitet und immer nur auf eine Gelegenheit gewartet haben, sich zu zeigen. Wenn du negative Emotionen durchlebst, versuche das Mantra „Dieses Gefühl ist nicht die Wahrheit“ zu wiederholen.

Diese Art der Selbsterforschung ist der Beginn einer Reise, die dir deine Macht und Kraft zurückgibt. Viele Menschen erkennen spontan Blockaden und befreien sich von ihnen, einfach dadurch, dass sie dieses Prinzip in ihrem Leben anwenden. Dabei kommen ihnen viele Antworten ganz intuitiv in den Sinn.

Übung zum 4. Schritt

1. Nun gut, du wünschst dir deinen Traumpartner. Etwas hat dich jedoch bisher davon abgehalten. Die folgende Übung ist Gold wert, denn sie hilft dem Bewusstsein, jenen verborgenen Plan aufzudecken, der dich blockiert.

Schritt 1: Stelle dir einen Moment lang vor, dass du in Wirklichkeit gar keinen Partner willst! Ja, wir wissen beide, dass du dir einen Partner wünschst, aber lass uns um dieser Übung willen so tun, als wolltest du keinen Partner. Sobald du dir dies vorstellen kannst, gehe weiter zum nächsten Schritt.

Schritt 2: Schreibe alle Gründe auf, die dir in den Sinn kommen, warum du keinen Partner haben möchtest .
Ich will keinen Partner, weil ...

Schritt 3: Betrachte das, was du aufgeschrieben hast, als den Plan deines Unterbewusstseins.

Schritt 4: Überlege dir angesichts dieser neuen Informationen, was du wirklich willst, und entscheide dich dafür.
Was ich wirklich will, ist ...

2. Beantworte die nachfolgenden Fragen. Sie sollen dir helfen, deine Verantwortung für das, was momentan in deinem Leben vorhanden ist, zu akzeptieren. Auf diese Weise beginnst du, dein Unterbewusstsein zu erforschen und die verborgenen „Vorteile" aufzudecken, die du heimlich aus Situationen ziehst, welche dein Verstandesbewusstsein nicht haben möchte. Du kannst diese Fragen auch für die Erforschung anderer Lebensbereiche benutzen, aber konzentriere dich heute auf die Frage, warum du keinen Partner hast.

a) Was ermöglicht mir diese Situation zu tun? Oder, anders formuliert, was kann ich tun, weil ich keinen Partner habe?
b) Was brauche ich nicht zu tun, weil ich keinen Partner habe?
c) Welche Absicht habe ich damit, dass ich keinen Partner habe?
d) Inwiefern macht mich dies zu etwas Besonderem?
e) Wovor habe ich Angst?
f) Welches Opfer befürchte ich bringen zu müssen?
g) Welche Schuld trage ich damit ab?
h) Warum habe ich nicht das Gefühl, dass ich einen Partner verdiene?
i) Wem gegenüber würde ich untreu werden, wenn ich meinen Idealpartner finden würde?
j) An wem räche ich mich dadurch, dass ich in Beziehungsdingen erfolglos bin?

Räume jenen Fragen Priorität ein, die dir am wichtigsten erscheinen.

Die Antwort auf jede einzelne dieser Fragen kann dich, je nach ihrem Inhalt, von deinem Idealpartner fern halten.

Wenn dir die aufgetauchten Antworten nicht gefallen, weil sie dich von einer Beziehung abhalten, dann nimm dir ein wenig Zeit, um neue Entscheidungen zu treffen.

Ich übergebe meinem Höheren Bewusstsein folgende Lebensbereiche, in denen ich mich hilflos und unfähig zur Veränderung fühle: ...

4. Schritt

Dein persönlicher Fortschritt auf dem Weg
zum idealen Partner

5. Schritt

Sag ja zum Leben

Um das zu bekommen, was du möchtest, nämlich deinen Idealpartner, wirst du dich ändern müssen. Wenn du so bleibst, wie du bist, wirst du weiterhin das bekommen, was du bereits hast. Veränderung gehört zu den größten Segnungen auf dieser Erde, und doch ist es die Angst vor Veränderung bzw. die Angst vor dem Unbekannten, die uns am häufigsten blockiert. Wenn wir aber wachsen und unsere höheren Ziele erreichen wollen, müssen wir uns ändern.

Ich habe mit vielen Menschen gearbeitet, die lieber den Teufel behalten, den sie kennen, anstatt nach dem Engel zu greifen, den sie nicht kennen. Mein jahrelanges Studium der Dynamik von Beziehungsproblemen hat mich gelehrt, dass Angst, genauer gesagt die Angst vor dem nächsten Schritt, im Kern aller Probleme liegt. Da die meisten deiner Probleme den Sinn haben, deinen nächsten Schritt hinauszuzögern und dich dadurch vor deiner Angst zu schützen, wird sich dein gegenwärtiges Problem auflösen, wenn du den nächsten Schritt gehst.

Viele Menschen haben zu mir gesagt: „Wenn Sie mir sagen, wie mein nächster Schritt aussieht, werde ich ihn machen." Doch vor lauter Angst meiden die meisten Menschen den nächsten Schritt, selbst wenn sie wissen, worin dieser nächste Schritt besteht.

Daher müssen wir vertrauen und den nächsten Schritt machen, auch wenn wir nicht wissen, wie er aussieht; stattdessen sollten wir uns immer wieder vor Augen halten, dass es danach besser sein wird, so wie nach jedem anderen Schritt, den wir bisher gemacht haben. Natürlich ist „der nächste Schritt" kein Schritt im wörtlichen Sinne. Voranschreiten heißt offen sein für Veränderung, ja zum Leben sagen. Wenn dies geschieht, so scheint sich das Leben um uns herum tatsächlich zu verändern. Es ist enorm hilfreich, wenn wir unsere großen Probleme als Angst vor dem nächsten Entwicklungsschritt im Leben betrachten. Diese Lebenseinstellung kann uns bei der Konzentration auf das eigentliche Thema helfen, statt uns von seinen zahlreichen und verwirrenden Symptomen ablenken zu lassen.

Ein solch großer Entwicklungsschritt, ein ganz entscheidender Meilenstein in deinem Leben, liegt direkt vor dir: der Schritt, deinen wahren Partner in dein Leben einzulassen. Wenn du ja sagst und bereit bist, diesen Schritt zu gehen, wirst du dich für ein neues Leben und neue Horizonte öffnen.

Übung zum 5. Schritt

Nimm eine Sitzhaltung ein, gehe in die Stille und schließe deine Augen.

Stelle dir vor, dass der nächste Schritt auf dich wartet und du ja zu diesem Schritt sagen kannst, ja zur Veränderung. Du brauchst dir nicht zu überlegen, worin dieser Schritt bestehen könnte oder wie du ihn gehen sollst. Alles, was du zu tun hast, ist, diesen Schritt zu wollen, bereit dafür zu sein, dass er geschehen kann, in dem Wissen, dass es danach besser sein wird und du einen Schritt weiter sein wirst als jetzt. Gehe einen Schritt nach dem anderen. Du bist jedem einzelnen Schritt gewachsen, vor allem dann, wenn du dir von deinem Höheren Bewusstsein helfen lässt. Jetzt im Moment ist es wichtig, dass du dich einzig und allein auf das konzentrierst, was vor dir liegt.

Sage JA zum nächsten Schritt. Sage ja zu deinem idealen Partner.

Ich bin bereit, den nächsten Schritt zu gehen, um meinen Idealpartner zu finden.

Es kostet dich nur den Augenblick einer aufrichtigen Entscheidung, damit dies geschehen kann.

5. Schritt

Dein persönlicher Fortschritt auf dem Weg zum idealen Partner

6. Schritt

Die Beziehungstür öffnen

Vor vielen Jahren trennte ich mich von meiner damaligen Freundin. Unsere Beziehung hatte als Freundschaft begonnen, und allmählich war dann etwas mehr daraus geworden. Ich hatte immer gedacht, diese Freundschaft würde alles überdauern. Doch als unsere Beziehung in die Brüche ging, hatte ich das Gefühl, alles verloren zu haben. Ich kann mich noch daran erinnern, wie wütend ich am Anfang war, doch schon bald kam ich darüber hinweg.

Ich begann mich nach potentiellen Kandidatinnen für ein Rendezvous umzuschauen. Es schien, als hätten alle in Frage kommenden Frauen die Stadt verlassen. Ich besaß einen Doktortitel, war jung, sportlich, romantisch und ziemlich attraktiv. Trotzdem waren alle akzeptablen Frauen wie vom Erdboden verschwunden. Ich konnte mir das nicht erklären.

Viereinhalb Monate vergingen, ohne dass ich ein attraktives weibliches Wesen finden konnte, das mit mir ausgehen wollte – was für mich ein Rekord war. Zu jener Zeit nahm ich als Assistent an einem dreieinhalbtägigen Workshop teil. Als ich am allerletzten Tag des Workshops über meinen Frauenmangel nachdachte, kam mir intuitiv die Eingebung, dass ich am Ende meiner letzten Beziehung die Beziehungstür hinter mir zugeschlagen hatte. Ich erkannte, dass dies der Grund war, warum ich bis zu diesem Zeitpunkt niemanden kennengelernt hatte. Daher beschloss ich, die Tür zu öffnen, und noch in derselben Stunde begegnete ich einer attraktiven Frau, die mich wissen ließ, dass sie durchaus frei und interessiert an mir war. Innerhalb einer Woche lernte ich zwei weitere Frauen kennen, die ebenfalls große Bereitschaft signalisierten, und ich machte mich daran, das Versäumte nachzuholen.

Durch diese Erfahrung habe ich ein sehr wichtiges Prinzip gelernt: Beziehungen warten auf eine Einladung und nicht auf einen bestimmten Zeitpunkt. Dein Idealpartner wartet auf eine Einladung von dir, der richtige Zeitpunkt oder der richtige Ort allein reicht nicht.

Übung zum 6. Schritt

1. *Wenn du zur Zeit keine feste Beziehung hast bzw. längere Zeit keinen festen Partner hattest, dann überlege, ob du nicht vielleicht deinem Idealpartner die Beziehungstür vor der Nase zugeschlagen hast - möglicherweise nach deiner letzten Beziehung oder vielleicht sogar schon als Kind, in der Beziehung zu deinen Eltern.*
2. *Frage dich: „Bin ich bereit für meinen Idealpartner, oder will ich lieber ein paar eher unverbindliche Beziehungen, weil ich noch Zeit brauche, um zu lernen und Selbstvertrauen aufzubauen?“*
   Es ist wichtig, dass du den Ort akzeptierst, an dem du stehst, da dir dies paradoxerweise dabei helfen wird, dich zu entfalten und voranzuschreiten.
3. *Überlege, ob du jemals deinem Idealpartner die Tür geöffnet hast.*
4. *Stelle dir vor, dass du diese Tür, die du geschlossen hast, in dir sehen oder fühlen kannst. Stelle dir vor, wie du auf diese Tür zugehst und alles tust, um sie zu öffnen, was auch immer dazu notwendig sein mag.*
   Denke daran, dass es sich dabei um deine Tür handelt: Sie sieht so aus, wie du sie dir vorstellst. Und wenn du sie öffnest, wirst du eine neue Offenheit erfahren, die dauerhaft sein kann.
   Öffne einfach deine Tür.
   Entspanne dich – genieße dein Leben und spüre die freudvolle Erwartung.

6. Schritt

Dein persönlicher Fortschritt auf dem Weg zum idealen Partner

7. Schritt

Die Kraft der Vergebung

Viele Menschen halten ihren Idealpartner davon ab, sie zu finden, weil sie an starkem Groll gegenüber ihren Eltern oder früheren Partnern festhalten. Ein solcher Groll schließt dich in der Vergangenheit ein. Der damalige Ärger bzw. Rückzug hält dich davon ab, deine gegenwärtigen Möglichkeiten zu realisieren. Vergebung befreit uns von der Vergangenheit.

Manchmal wird Vergebung mit Aufopferung verwechselt. Die Menschen haben Bedenken, jemandem zu vergeben, weil sie befürchten, dass ihnen das, was ihnen nicht gefällt, weiterhin geschehen wird, wenn sie vergeben. Das ist Aufopferung, nicht Vergebung. Vergebung erlöst dich aus der Situation, die du nicht haben möchtest, so dass beide befreit werden, derjenige, der vergibt, und derjenige, dem vergeben wird. Vergebung ist das Lösungsmittel, das die enorme Klebekraft von Groll und Schuldgefühlen aufzulösen vermag.

Unter Verurteilung und Groll sind immer unterbewusste Schuldgefühle verborgen. Vergebung löst die an jedem Problem beteiligten Schuldgefühle auf, seien diese bewusst oder unbewusst.

Groll und Schuldgefühle lenken uns ab und können das persönliche Wachstum zum Stillstand bringen. Transformiere sie durch Vergebung und befreie dich so von unangenehmen Verhaltensmustern, die deine Attraktivität und dein Empfangen blockieren.

Übung zum 7. Schritt

Lasse heute zu, dass dir sämtliche Probleme und aller Groll bewusst werden, die deiner idealen Beziehung möglicherweise im Weg stehen, wobei es egal ist, ob sie aus der Vergangenheit oder der Gegenwart stammen. Unter jedem Problem und jedem Groll liegen Schuldgefühle verborgen.

Lasse zu, dass all jene Menschen in dein Bewusstsein treten, denen du etwas zu vergeben hast.

Sei bereit, dich selbst und die Person, der du verzeihst, von der destruktiven Kraft jener verborgenen Schuld zu befreien. Vergebung erlöst uns von den Dingen, für die wir anderen und uns selbst die Schuld geben. Es gibt zahlreiche Vergebungs-Übungen. Nachstehend findest du zwei ausgezeichnete Übungen dieser Art.

1. *Schreibe auf, wem du grollst und weshalb du diesem Menschen grollst. Frage dich: „Würde ich mir selbst dafür böse sein?"*
   Wenn du diese Frage mit einem Nein beantworten kannst, dann seid ihr beide befreit, du und derjenige, den du verurteilt hast.
2. *Vergebung kann uns ganz schön schwer fallen, da wir Menschen immer Recht haben wollen. Rechthaberei verbirgt stets Schuldgefühle und zerstört das Glück.*
   Die einfachste Form der Vergebung besteht darin, den Groll deinem Höheren Bewusstsein zu übergeben. Lasse dein Höheres Bewusstsein die Vergebung für dich bewerkstelligen.

7. Schritt

Dein persönlicher Fortschritt auf dem Weg zum idealen Partner

8. Schritt

Nimm deine Gefühle wahr!

Deine Gefühle bereichern dein Leben, sie geben ihm eine neue Dimension und machen dich attraktiver. Wenn du nur deinen Idealpartner manifestieren willst, brauchst du deine Gefühle nicht wahrzunehmen, wenn du dir aber eine beständige und glückliche Beziehung wünschst, dann ist dies sehr wohl erforderlich. Die Fähigkeit, deine Gefühle wahrzunehmen, hängt eng mit deiner Fähigkeit zusammen, selbst ein guter Partner zu sein und dich auf eine Beziehung einzulassen. Es ist mir allerdings wichtig, dass du unterscheidest zwischen dem Wahrnehmen deiner Gefühle und der Menge an Gefühlen, die du zeigst.

Manche Menschen vermeiden es, ihre wahren Gefühle dadurch zu zeigen, dass sie jede Menge anderer Gefühle zum Ausdruck bringen. Das kann zu einer Art Hysterie werden. Negative Emotionen werden zuweilen als Mittel der Erpressung oder Rache benutzt, und je nachdem, wie sie ausgedrückt werden, können sie auch ein Ausdruck mangelnder Reife sein. Doch genauso kontraproduktiv, wie sich die Überbetonung von Gefühlen oder der Ausdruck negativer Gefühle auf eine Beziehung auswirken kann, ist es auch, wenn du völlig von deinen Gefühlen abgeschnitten bist.

Eine erfolgreiche Beziehung ist dann möglich, wenn wir uns von einem Abhängigkeits- bzw. Unabhängigkeitsverhältnis zur Interdependenz, der wechselseitigen Abhängigkeit, bewegen. Wenn wir wieder mit unseren Gefühlen in Kontakt kommen, wächst auch unsere Beziehungsfähigkeit. Die Fähigkeit, uns wieder mit unseren Gefühlen und mit unserem Körper zu verbinden, ist Bestandteil des Weges von der Unabhängigkeit zur Interdependenz. Und wenn wir mit unseren negativen Gefühlen in Berührung kommen und sie auflösen, wachsen unsere Empfangs- und Empfindungsfähigkeit.

Es erfordert Mut von einem Menschen, sich in Richtung Interdependenz zu bewegen, denn auf unserem Weg dorthin werden wir jede Menge unterdrückte und verdrängte Emotionen entdecken, durch die wir hindurchgehen müssen. Das bewusste Wahrnehmen unserer Gefühle reduziert die Selbstverleugnung, bringt uns das Unterbewusstsein mehr zu Bewusstsein und vergrößert sowohl unsere Aufrichtigkeit als auch unsere Integrität. All dies lässt uns attraktiver werden.

Übung zum 8. Schritt

Eine der einfachsten Formen der Heilung besteht darin, dass du deine negativen Gefühle und Emotionen so lange wahrnimmst, bis sie verschwinden. Das kannst du immer dann machen, wenn du dich nicht gut fühlst.

Du brauchst dir dafür nur zu erlauben, deine Gefühle so intensiv wie möglich zu spüren, ja sie sogar zu übertreiben.

Beobachte deine Gefühle ganz genau, erforsche die kleinsten Einzelheiten und Nuancen jeder Emotion. Dabei wirst du feststellen, dass sich deine Gefühle zu verändern beginnen.

Beende die Übung erst dann, wenn du dich richtig gut fühlst, und keinen Augenblick früher.

Alle Gefühle, und seien sie noch so chronisch, haben ein Ende.

Selbst wenn du auf einen ganzen Schwall von unterdrückten Emotionen triffst, werden sie kaum länger als ein paar Tage anhalten. Doch du wirst dich danach glücklicher und gesünder fühlen und in der Lage sein, mehr zu empfangen. Das Wahrnehmen deiner negativen Emotionen, bis sie verschwunden sind, ist heilsam und bringt dich im Leben voran.

Wenn du in dieser Übung auf ein Gefühl des Abgestorbenseins, der Leere oder auf ein großes Nichts stößt oder wenn du dich einfach blockiert fühlst und schwer identifizierbare Nicht-Gefühle da sind, so ist das auch in Ordnung. So komisch es scheinen mag, all diese Wahrnehmungen sind ebenfalls Gefühle. Nimm diese Dinge einfach wahr, bis sie sich verändern und du zur nächsten Ebene weitergehen kannst. Die meisten von uns haben Angst vor negativen Emotionen. Doch dieses einfache Hilfsmittel, die eigenen Gefühle wahrhaftig wahrzunehmen, wird dir attraktiven Mut und Reife verleihen.

Übe dich heute den ganzen Tag über darin, deine Gefühle wahrzunehmen. Das kannst du tun, während du all deinen anderen Aufgaben nachgehst.

Experimentiere heute mit dieser Übung und spüre mindestens einer negativen Emotion so lange nach, bis sie sich in ein angenehmes Gefühl verwandelt hat.

Ich habe Folgendes über meine Gefühle gelernt: …

Ich habe heute bei folgenden Gelegenheiten positive Gefühle zum Ausdruck gebracht: …

8. Schritt

Dein persönlicher Fortschritt auf dem Weg zum idealen Partner

9. Schritt

Wahrheit macht frei

Viele Menschen haben Angst vor einer Beziehung, weil sie befürchten, sich aufopfern zu müssen. Sie haben Angst, erneut zum Sklaven der Liebe zu werden, wie sie es schon in der Vergangenheit waren, und das genügt, um Menschen in der Unabhängigkeit verharren zu lassen.

Doch das Ausmaß deiner Unabhängigkeit ist ein Spiegel für das Maß an Aufopferung und Abhängigkeit, das in dir noch immer der Heilung bedarf. In einer erfolgreichen Beziehung sind diese drei Rollen, d.h. Aufopferung, Abhängigkeit und Unabhängigkeit, allesamt geheilt. Wenn du als Mensch wachsen willst, so wirst du früher oder später diesen entscheidenden Rollen ins Auge blicken müssen.

Diese Rollen beginnen mit einem Kindheitstrauma, mit irgendeiner Art von emotionalem Verlust, der niemals aufgelöst oder betrauert wurde. Eine solche Rolle wird zu einem Muster, das die typische Eigenart hat, sich in deinem Leben ständig zu wiederholen. Alle drei Rollen – Aufopferung, Abhängigkeit und Unabhängigkeit – sind heimliche Formen des Nehmens in Verbindung mit der Unfähigkeit zu empfangen. Wenn es uns nicht gelingt, diese kontraproduktiven Rollen aufzulösen, sind unsere Beziehungen früher oder später tot.

Weil sie nicht wissen, wie sie mit diesem toten Gefühl und der Langeweile in Beziehungen umgehen sollen, setzen sich viele Menschen nicht wirklich für ihre Beziehung ein oder lassen lieber ganz die Finger davon. Doch wenn wir in unseren Beziehungen und unserem Leben erfolgreich sein wollen, dann müssen wir mit diesen Dingen klarkommen. Irgendwann wirst du diese Lektionen lernen müssen. Ich habe mich viele Jahre lang mit erstarrten Beziehungen beschäftigt und dabei eine ganze Reihe von Möglichkeiten entdeckt, wie man sie heilen, transzendieren und auflösen kann.

Der gemeinsame Nenner ist der, dass diese Erstarrung und Gefühlsleere geheilt werden kann, weil sie niemals wirklich der Wahrheit entspricht. Sie ist nur etwas, das der Heilung bedarf.

Dieses Abgestorbensein ist ein Kokon, den wir um uns herum gesponnen haben, um uns vor emotionalem Schmerz zu schützen. Es handelt sich um eine Form der Kontrolle, die vermeiden soll, dass Dinge oder Menschen so große Bedeutung für uns bekommen, dass wir – wieder einmal – verletzt werden könnten. Gefühlsmäßige Erstarrung lässt andere wissen, dass wir etwas „Besonderes" sind, und ist eine – mehr oder weniger – subtile Form des Angriffs.

Erstarrte Beziehungen entstehen aus unseren Rollen, Regeln und Pflichten – daraus, dass wir das Richtige aus dem falschen Grund tun. Es handelt sich um einen Ort der Blindheit und Taubheit gegenüber der Welt und den Beziehungen um uns herum. In diesem gefühlsmäßigen Ödland haben wir so viel Kontrolle erlangt und sind uns so sicher, die richtigen Antworten zu kennen, dass wir den Input der Außenwelt nahezu auf Null reduzieren. Rollen sind gescheitertes In-Kontakt-Sein, während es aber den Anschein hat, als sei man in Kontakt. Rollen bedeuten, das Leben nach bestimmten Regeln zu leben, doch so gut diese Rollen auch scheinen mögen, irgendwann sind sie überholt. Das Leben kann nicht nach Regeln gelebt werden; sie zerstören unsere Fähigkeit, uns auf Intimität einzulassen und authentisch zu sein.

Der zweite Faktor, der Beziehungen erstarren lässt, ist die Fusion, das Verschmelzen mit dem anderen. Fusion bedeutet, die Grenzen zwischen sich und anderen nicht zu kennen. Wenn der andere Schmerz erleidet, leidest du mit. Fusion bzw. übertriebene Nähe führt automatisch zur Aufopferung, die das Geben verfälscht und das Empfangen verhindert.

In unseren Beziehungen gibt es jede Menge Fusion, die der Heilung bedarf. In unserer Kindheit gab es meist einen Elternteil, mit dem wir nicht so gut zurechtkamen, während wir mit dem anderen extrem eng verbunden und „in Fusion" waren. Mit genau diesem Elternteil haben wir tief verborgene Probleme, da unsere Gefühle so stark sind, dass wir nicht in der Lage sind zu kommunizieren. Fusion führt über Aufopferung zu „Ausgebranntsein", zu Gefühlen der Abneigung, die sogar bis zu heftiger Abscheu gehen können.

Zwei gut versteckte Ursachen von erstarrten Beziehungen sind der Wettkampf mit anderen und die „Angst vor dem nächsten Schritt". Wenn du überzeugt bist, der Beste zu sein, so entsteht dadurch in deinen Beziehungen eine (mehr oder weniger) subtile Atmosphäre, die dem anderen mitteilt, dass es keine Gleichheit und dadurch keinerlei Intimitäts-Risiko gibt. Manche Menschen gewinnen das Wettbewerbsspiel mit einem derartigen Vorsprung, dass sie keinen Raum für einen Partner haben, selbst wenn sie einen Partner suchen. Wenn du erst einmal der Beste bist, dann hast du keinen Platz mehr für andere.

Wieviel dir ein Mensch bedeutet, ist sowohl für deine Gefühle gegenüber diesem Menschen verantwortlich als auch für den Wert, den dieser Mensch für dich hat, was dir das Gefühl gibt, lebendig zu sein, und dir gleichzeitig das Risiko bewusst macht, dass du ihn verlieren könntest. Diese Möglichkeit, dass unser Partner zu wichtig werden könnte, dass er uns zuviel bedeuten könnte, lässt unsere Beziehungen lebendig werden, doch wenn wir Angst vor derart intensiven Gefühlen haben, dann versuchen wir, die Kontrolle zu übernehmen und bekommen Angst, den nächsten Schritt mit unserem Partner zu gehen.

Die Angst vor dem nächsten Schritt führt zu einer Eintönigkeit, die sich auf Beziehungen tödlich auswirkt. Einer der einfachsten Wege, durch solche toten Gefühle hindurchzugehen, besteht darin, dass du einfach größere Bereitschaft entwickelst, in deinem Leben voranzuschreiten. Es ist diese Bereitwilligkeit, die Veränderung möglich macht, denn das Leben ändert sich in dem Maße, in dem du bereit für Veränderung bist.

Das Abgeschnittensein von deinen Gefühlen ist der letzte, zu toten Beziehungen führende Aspekt, auf den ich hier eingehen möchte. Ernsthafte Leere in einer Beziehung, oder auch in dir selbst, ist ein Zeichen für starke unterdrückte Gefühle.

Manche Gefühle sind so schmerzhaft, dass wir sie vergessen, und dann vergessen wir, dass wir sie vergessen haben.

Diese Gefühle sind so schmerzhaft, dass wir das Gefühl hätten, sterben zu müssen, wenn wir sie entdecken würden. Doch sie warten darauf, geheilt zu werden, und allein deine Bereitwilligkeit kann dich in das Lagerhaus der alten Gefühle führen.

Es gibt einen einfachen Weg, derart schmerzhafte Gefühle zu heilen, nämlich indem wir anderen dienen. Wenn du dich so elend fühlst, dass du am liebsten sterben würdest, und dann einem anderen Menschen etwas gibst oder dich entscheidest, jemandem einen Dienst zu erweisen, können sich diese Gefühle aus einer Todes- in eine Geburts-Situation verwandeln. Man könnte noch viel mehr über die Heilung von gefühlsmäßiger Leere und Erstarrung schreiben, doch wenn du die obigen Prinzipien befolgst, wirst du einen Weg hindurch finden.

Übung zum 9. Schritt

Nutze heute die Wahrheit als Indikator dafür, wie glücklich du bist. Die Wahrheit ist die beste Medizin gegen Gefühle der Leere und Erstarrung. Wenn sich etwas abgestorben und leer anfühlt, wird die Wahrheit umgangen. Das Glücklichsein ist unser tiefster, wahrhaftigster Seinszustand; wenn du dich unglücklich fühlst, ist es nicht die Wahrheit. Mit dem Lösen unserer Probleme werden wir zur Wahrheit geführt, und mit dem Wachsen unseres Bewusstseins wächst auch unser Glück. Wenn du nicht glücklich bist, bitte darum, dass dir die Wahrheit gezeigt werde.

Suche die Wahrheit. Ersehne die Wahrheit. Sie wird dich befreien.

Bitte heute darum, dass dir die Wahrheit in einer Art und Weise gezeigt werde, dass du sie erkennen und dadurch befreit werden kannst. Bitte darum, dass dir die Wahrheit gezeigt werde. Lausche in dich hinein, höre auf andere und schaue, was die Welt dir bringt.

Die Wahrheit in Bezug auf meine Beziehung mit .... ist ....

Die Wahrheit in Bezug auf meine früheren und jetzigen Partner-Beziehungen lautet ....

Auf dem Weg zum idealen Partner habe ich folgende Fortschritte gemacht: ....

9. Schritt

Dein persönlicher Fortschritt auf dem Weg zum idealen Partner

10. Schritt

Lasse die Vergangenheit los und öffne dich für die Gegenwart!

Wir sind wieder einmal bei einer grundlegenden Lektion angekommen, nämlich dem Prinzip des Loslassens, das für den Prozess, deinen Idealpartner zu finden, ganz entscheidend ist. Loslassen wirkt dem destruktiven Einfluss des Festhaltens entgegen.

Das Festhalten, die klammernde Anhänglichkeit, kommt in Verkleidung der Liebe daher. Es handelt sich um eine Art maskierter Liebe, die dazu führt, dass die persönlichen Grenzen zwischen dir und demjenigen, an dem du festhältst, verwischen. Dadurch kommt es wiederum zu Fusion und Aufopferung, was letztendlich zu gefühlsmäßiger Erstarrung in Beziehungen führt. Je mehr du in einer Beziehung an deinem Partner klebst, desto unattraktiver wirst du und stößt deinen Partner ab. Wenn du dein Festklammern und deine Bedürfnisse loslässt, bleibst du attraktiv für deinen Partner.

Du musst jedoch unterscheiden zwischen Loslassen und Wegwerfen, d.h. dem Fehlen jeglicher Verbundenheit, das als Dissoziation bezeichnet wird. Loslassen ist die Bereitschaft, dein Klammern aufzugeben, damit du die Verbindung und Liebe zu deinem Partner spüren kannst. Wenn dein Partner in die Unabhängigkeit geht und mehr Raum braucht, dann wirst du abhängig und bist aufgerufen loszulassen. Wann immer du loslässt, kann deine Beziehung voranschreiten zum nächsten Schritt in Partnerschaft, Vertrauen und Liebe.

Loslassen bedeutet nicht, etwas wegzuwerfen, sondern vielmehr die Dinge in die richtige Perspektive zu rücken. Das Loslassen kannst du dir so vorstellen, als hättest du die beste Sekretärin der Welt, die all deine nicht mehr benötigten

Unterlagen ordentlich ablegt, damit dein Schreibtisch aufgeräumt ist. Und wenn du irgend etwas brauchst, kannst du es problemlos wiederfinden.

Es ist von ganz entscheidender Bedeutung, dass du dich mit dem Loslassen beschäftigst, wenn du deinen Idealpartner finden willst. Wenn du deine früheren Beziehungen nicht loslässt, bilden sie Barrieren, die den Beginn einer neuen Beziehung blockieren.

Alles Vergangene, an dem du festhältst, hinderst du durch dein Festhalten daran, in der Gegenwart in Erscheinung zu treten.

Jeder Ärger, jeder Hass, jeder Groll, jede Traurigkeit und jeder Herzensbruch, dem du in Gedanken nachhängst und an dem du festhältst, steht deiner Freude im Wege.

Zu den vergangenen Beziehungen, die dich blockieren könnten, gehören auch der Elternteil und die Geschwister des anderen Geschlechts. Wenn du an ihnen festhältst, was deiner Liebe zu ihnen in die Quere kommt, steht dieses Festhalten auch deiner Beziehung im Wege bzw. schränkt die Qualität deiner Beziehung ein. Freude entsteht dadurch, dass wir in der Gegenwart leben - das Leben in der Vergangenheit bringt keine Freude.

Auf einer bewussteren Ebene stellen negative Gefühle einfach einen unvollendeten Trauerprozess dar. Niemand ist wirklich bereit, neu anzufangen, bevor er die Gefühle, die mit dem Betrauern der Vergangenheit zusammenhängen, nicht losgelassen und abgeschlossen hat. Auf der tiefsten Ebene unseres Unterbewusstseins benutzen wir diese Gefühle als Versuch, uns selbst zu schützen. Sie sind eine gegen uns selbst gerichtete Verschwörung, die wir einsetzen, wenn uns der nächste Schritt Angst macht.

Bevor der Verlust auftrat, gab es immer eine Angst, der wir uns nicht stellen wollten; und da wir uns damals dieser Angst nicht gestellt haben, begleitet uns der Schmerz noch immer.

Stelle dich diesem Schmerz und lasse ihn gehen, denn durch das Loslassen des Schmerzes wird die Angst aufgelöst.

Diese Art der Selbstverschwörung, bei der wir Schmerz oder Probleme unterbewusst dazu benutzen, um uns vom Voranschreiten abzuhalten, ist an all unseren Problemen mitbeteiligt. Es handelt sich um einen kontraproduktiven Weg, mit der Angst umzugehen, denn die Angst bleibt bestehen. Durch Loslassen wird die Vergangenheit aufgelöst. Durch Vertrauen können wir die Gegenwart zuversichtlich angehen.

Wir können niemals eine erfolgreiche Beziehung haben, wenn wir nicht loslassen. Das Loslassen ist eine paradoxe Kraft, die für Beziehungen enorm wichtig ist. Wenn wir bedürftig sind und uns festklammern, fordern wir von den Menschen in unserem Umfeld, diese Bedürfnisse für uns zu regeln, was dazu führt, dass diejenigen, die wir lieben und die wir unserem Gefühl nach so sehr brauchen, sich von uns zurückziehen.

Festhalten macht uns unattraktiv. Loslassen verstärkt unsere Attraktivität. Durch Loslassen kann all das, was du in deinen vergangenen Beziehungen geschätzt hast, in deinen zukünftigen Beziehungen wieder für dich verfügbar werden.

Übung zum 10. Schritt

Beantworte die Fragen in dieser Übung intuitiv, ohne zu überlegen. Wenn dir spontan keine Antwort einfällt, dann rate einfach.

Schritt 1: Stelle dir einen Eimer vor, den wir den „Beziehungs-Eimer" nennen wollen. Überlege, zu welchem Prozentsatz du schätzungsweise, im Positiven oder Negativen, an einem Menschen festhältst, und wirf diese Prozente in den Eimer. Wenn du zum Beispiel am Elternteil des anderen Geschlechts zu fünfzig Prozent festhältst, dann wirf diese fünfzig Prozent in den Eimer.

Mache dann dasselbe mit deinen Geschwistern des anderen Geschlechts, deinen Ex-Partnern, deinen Lieblingshelden und, falls du Kinder hast, mit deinen Kindern des anderen Geschlechts.

Dein Eimer könnte danach etwa folgendermaßen aussehen:
25 Prozent – die erste große Liebe
10 Prozent – Geschwister des anderen Geschlechts
20 Prozent – Elternteil des anderen Geschlechts
5 Prozent – dein Lieblingsstar
Gesamt-Eimerfüllung 60 Prozent

Mache mit der Übung so lange weiter, bis du alle Menschen aufgelistet hast, an denen du festhältst, auch wenn dein Eimer überzulaufen beginnt. Es kommt häufig vor, dass der Eimer überläuft. Überlege dir dann, was dein Beziehungs-Eimer mit deinen momentanen Lebenserfahrungen und dem Ausmaß deiner Unabhängigkeit zu tun haben könnte.

Wie voll ist dein Eimer? Der Platz, der noch in deinem Eimer ist, entspricht deiner Offenheit für eine Beziehung bzw. zeigt dir, dass du lediglich für eine Beziehung von ziemlich armseliger Qualität offen bist. Die Person im obigen Beispiel besitzt nur noch ein Beziehungspotential von vierzig Prozent.

Bei einem Workshop habe ich einmal mit einer Frau gearbeitet, deren Eimer zu 1.035 Prozent gefüllt war. Das bedeutete, dass sie bestenfalls in der Lage war, einen Mann anzuziehen, der eine Beziehung von –935 Prozent repräsentierte. Dadurch erkannte sie klar und deutlich, warum sie bei der Partnerwahl immer dermaßen schlechte Karten zog. Sie traf einige neue Entscheidungen in Bezug auf das Loslassen, und ihr Leben wandte sich zum Besseren.

Schritt 2: Heute ist ein idealer Tag, um alte Beziehungen loszulassen. Nachfolgend findest du einige Möglichkeiten dafür:

Spüre eventuell vorhandenen negativen Gefühlen so lange nach, bis von der Vergangenheit nur noch ein positives Gefühl übrig bleibt.

Verzeihe.

Mache einen Schritt nach vorne.

Erkenne, dass es destruktiv ist, in der Vergangenheit zu leben, und entscheide dich dafür, in der Gegenwart zu leben.

Gib das Klammern auf, damit die Liebe zu dir kommen kann.

Übergib diese Beziehungen deinem Höheren Bewusstsein, damit es sie für dich loslässt.

10. Schritt

Dein persönlicher Fortschritt auf dem Weg zum idealen Partner

11. Schritt

Du kannst alles haben, was du willst – wenn du das willst, was du hast!

In diesem Kapitel wollen wir zwei wichtige Konzepte näher betrachten, nämlich Akzeptanz und Loslassen.

In der Kapitelüberschrift stecken zwei Bedeutungen von Akzeptanz. Wenn du das akzeptierst, was du hast, dann hast du natürlich das, was du willst; die Überschrift bedeutet aber auch, dass das, was du möchtest, zu dir kommen kann, wenn du dich dem, was du hast, nicht widersetzt. Was du ablehnst, das bleibt. Wenn du dich dem widersetzt, was du hast, bleibt alles stekken und kann nicht vorankommen.

Umgekehrt verändert sich das, was du akzeptierst. Akzeptanz hat nichts mit Apathie zu tun, sondern ist ein aktives Prinzip zur Heilung von Widerstand und Schmerz.

In einigen der erfolgreichsten Schmerzkliniken Nordamerikas lehrt man Menschen, die einen schweren Unfall erlitten haben oder an Arthritis und anderen Erkrankungen leiden, ihre Schmerzen zu akzeptieren und bewusst wahrzunehmen, statt dagegen anzukämpfen. Diese einfache Methode ist bei der Linderung von Schmerzen höchst effektiv.

Akzeptanz sorgt dafür, dass unser Leben wieder in Bewegung kommt, wenn es ins Stocken geraten ist; die Kraft des Akzeptierens bringt das Leben voran. Manchmal bauen wir um uns herum Verteidigungsmauern auf oder steigen ganz aus einer Beziehung aus, weil wir verletzt worden sind, uns das Herz gebrochen wurde oder wir uns abgelehnt fühlen.

Unser Verletztsein kommt nicht von dem, was andere uns antun bzw. nicht für uns tun, sondern es beruht auf unserer Reaktion auf ihr Verhalten. Wenn wir am Ende die Wahrheit erkennen – ob uns der andere nun ablehnt oder nicht –, ist es letztendlich *unsere Selbstablehnung*, die den Schmerz erzeugt, und dann sind wir verantwortlich für unsere Gefühle.

Buddhas Rat, wie man Erleuchtung erlangt, ist einfach: „Sei frei von Begierde, sei ohne Widerstand.“ Wenn wir die Realität akzeptieren, kann sich das Leben, was Beziehungen angeht, erneut entfalten.

Das Loslassen ist ein weiterer Schlüsselaspekt dieser wichtigen Lektion. Wenn du Erwartungen hast, wirst du dich dadurch vom Voranschreiten abhalten. Wenn du dich die Worte „sollen, müssen, brauchen“ sagen hörst, dann hast du Erwartungen. Wenn du einen Partner „brauchst“ oder „haben musst“, dann kannst du dich darauf verlassen, dass du keinen Partner finden wirst. Das Paradoxe an der Sache ist, dass jede Menge Kandidaten in der Nähe sein werden, sobald du keinen Partner brauchst.

Deine Erwartungen sind Forderungen an andere, und wer will schon, dass man Forderungen an ihn stellt? Wenn du bestimmte Dinge vom Leben erwartest, wirst du frustriert und enttäuscht werden. Wenn du etwas nicht „brauchst“, gibt dir das Leben häufig so viel davon, wie du nur haben möchtest. Deine Bereitschaft, die Einstellung aufzugeben, dass du einen Partner „brauchst“, erlaubt dir, einen Partner zu haben. Der Energieschub, den deine neue Einstellung mit sich bringt, wird deine Attraktivität noch verstärken.

Übung zum 11. Schritt

1. *Überlege dir, was dich in deinem Leben stark verletzt hat.*

   Meine Liste der Ereignisse, die mich sehr verletzt haben:

   ....

   Entscheide dich dafür, diese Dinge zu akzeptieren, statt sie zu leugnen oder zu verbergen, damit sich dein Leben dort, wo es zum Stillstand gekommen ist, wieder zu entfalten beginnen kann.

   Sage dir immer wieder, dass das Blockiertwerden durch diese alten Verletzungen nicht das ist, was du willst.

2. *Wenn wir erlebte große Schwierigkeiten akzeptieren, so kann uns dies in der Tat in einen höheren Bewusstseinszustand hineinkatapultieren und uns somit zu wesentlich mehr Glück führen.*

   Übergib heute deinem Höheren Bewusstsein alle Erfahrungen, von denen du das Gefühl hast, sie unmöglich akzeptieren zu können.

   Wenn du dich verletzt fühlst, befindest du dich im Widerstand. Was ist es, das du so schwer akzeptieren kannst?

   Es fällt mir schwer zu akzeptieren, dass …

   Erkenne, dass Verletztsein nur ein Fehler ist, der korrigiert werden kann und in diesem Bereich deines Lebens kein Hindernis für dich zu sein braucht.

   Was ich jetzt will, ist …

3. *Das Leben lehrt dich, dass du* **nichts brauchst** *außer dir selbst. Wenn Partner in die Flucht geschlagen werden, sind Bedürftigkeit und Erwartungen die beiden größten Missetäter. Hierbei handelt es sich nicht um eine Form von Unabhängigkeit, sondern es geht darum, zu erkennen, dass dein Glücklichsein aus deinem Innern kommt.*

   Lass alle Gefühle los, die sich darum drehen, dass du unbedingt einen Partner brauchst oder haben musst.

Ersetzte deine Erwartungen durch ein Gefühl der Vorfreude. Sei gewiss, dass dir dein Idealpartner begegnen wird. Stelle keine Forderungen und vertreibe ihn nicht.

Lade deinen Partner ein – sei gewiss, dass dein Partner auf dem Weg zu dir ist.

Du wirst mit dem Ergebnis zufrieden sein!

11. Schritt

Dein persönlicher Fortschritt auf dem Weg zum idealen Partner

12. Schritt

Schuld, Wertlosigkeit und Angst sind reine Illusion

Alle negativen Emotionen sind nichts als Illusion. Natürlich haben wir solche Gefühle und werden von ihnen beeinflusst, und manchmal können sie uns sogar umbringen. Doch die gute Nachricht lautet, dass diese Gefühle Illusion sind.

Schmerzhafte Gefühle sind ein Zeichen dafür, dass irgend etwas nicht in Ordnung ist. Ich habe mit Zehntausenden von Menschen auf der ganzen Welt gearbeitet und bis heute niemanden gefunden, dem es nicht mit ein bisschen Bereitwilligkeit gelungen wäre, selbst die schwärzesten Schuldgefühle, den tiefsten Schmerz und die größte Angst aufzulösen.

Glücklichsein und Ganzheit, Heil-Sein, sind das Fundament unseres Geistes, und es ist diese Ganzheit, die unsere fortwährende Bewegung in Richtung Wachstum und Heilung ermöglicht und fördert. Wenn du den Blockaden bis zu deinem Unterbewusstsein, bis zum unbewussten Teil deines Geistes und schließlich bis zu deinem Höheren Bewusstsein folgst, wirst du dich durch das Transzendieren der Blockaden in Freude, Durchbruch und Ekstase wiederfinden. Alle negativen Gefühle lassen sich an diesen tiefen Glücksgefühlen messen, um herauszufinden, ob sie wahr sind.

Ich bin vielen Menschen begegnet, die glaubten, sie hätten als Kind die Probleme innerhalb ihrer Familie verschuldet oder trügen an anderen Zwangslagen, in die sie im Laufe ihres Lebens geraten waren, die Schuld. Diese Menschen fühlten sich derart schuldig, dass sie glaubten, keinen Partner zu verdienen.

Ich bin vielen anderen Menschen begegnet, die eine so geringe Meinung von sich hatten, dass sie sich eines Partners unwürdig fühlten. Andere, die sich einen Partner wünschten, hatten jedoch Angst davor, weil sie sich für eine enge Beziehung für viel zu unzulänglich hielten. Sie hatten Angst, ihr Partner könnte sie verlassen, sobald er sie besser kennen lernen würde.

Diese Gefühle lassen sich relativ leicht berichtigen. Mache dir bewusst, dass diese Gefühle, auch wenn du sie hast, nicht der Wahrheit entsprechen. Diese Gefühle, die dich daran hindern können, einen Partner zu finden, und Beziehungen zerstören können, sind nicht die Wahrheit. Sie lassen sich auflösen, wenn du bereit bist, einen Weg aus diesen Gefühlen zu finden und dich zu verändern, so dass dein Leben besser werden kann.

Übung zum 12. Schritt

1. Mache eine persönliche Bestandsaufnahme aller negativen Gefühle, die dich davon abhalten könnten, deinen Idealpartner zu finden.
2. Bitte dein Höheres Bewusstsein, dir den Weg durch diese Gefühle oder Probleme zu zeigen.
3. Errichte deinen Fehlern kein Denkmal. Lasse nicht zu, dass Fehler zu einer Art Kraftkleber werden, der dich vom Voranschreiten abhält. Wenn du bereit bist, dich zu ändern, wartet ein besseres Leben auf dich. Entscheide dich für die Wahrheit.
4. Wenn du dein „Bedürfnis“ aufgibst, auf alles eine Antwort zu wissen, wenn du nicht mehr erwartest, dass Ereignisse eine ganz bestimmte Wendung nehmen, und wenn du aufhörst, an Groll und negativer Wahrnehmung festzuhalten, wirst du Friede verspüren und frei sein. Wenn du deine Wahrnehmung veränderst, wirst du feststellen, dass sich die ganze Situation und die Menschen um dich herum ebenfalls verändern.
5. Wenn du dich nicht motiviert fühlst, eine andere Wahl zu treffen, versuche herauszufinden, wo du noch immer am Schmerz festhältst.
Antwort: Was steckt dahinter, dass ich noch immer an diesem Gefühl oder Problem festhalte? Der Grund dafür ist …
Will ich wirklich, dass mein Leben und mein Glücklichsein dadurch blockiert wird? …
Ich entscheide mich für …

12. Schritt

Dein persönlicher Fortschritt auf dem Weg zum idealen Partner

13. Schritt

Befreie dich von deinen Phantasie-vorstellungen

Dies ist eine weitere wichtige Lektion über Blockaden, die dich bis jetzt möglicherweise daran gehindert haben, deinen Idealpartner zu finden.

Jeder Mensch diesseits der Erleuchtung hat Phantasien. Daran ist auch nichts verkehrt. In der Tat findet der größte Teil der menschlichen Erfahrung in der Phantasie statt. Wenn wir glauben, etwas zu benötigen, fangen wir an, uns diese Dinge vorzustellen. Wir beginnen mit offenen Augen davon zu träumen. Wenn wir hungrig sind, beginnen wir ans Essen zu denken, und uns fällt alles ins Auge, was um uns herum mit Essen zu tun hat. Durch Phantasien versuchen wir zu kompensieren, was uns im Inneren oder im Äußeren fehlt, und sie verschaffen uns durchaus eine gewisse geringfügige Befriedigung. Aber das Ganze funktioniert nicht richtig, weil es sich dabei um einen Verteidigungsmechanismus handelt, und jeder Verteidigungsmechanismus führt dazu, dass genau das eintritt, wogegen man sich zu verteidigen sucht.

Für deinen Geist ist alles ein Bild. Dein Geist kann nicht unterscheiden, ob du etwas tatsächlich tust oder ob du einfach nur daran denkst. Dein Geist kann also nicht unterscheiden, ob du nur vom Sex träumst oder tatsächlich dieses Vergnügen hast.

Wenn du von deinem Idealpartner träumst, wird dir das häufig ausreichend Befriedigung verschaffen; du wirst dir gar nicht erst die Mühe machen, dich für eine wirkliche Partnerschaft zu öffnen. Wenn du ständig deinen Träumen nachhängst, kann dies in Beziehungen zu einem gewissen Maß an Unzufriedenheit führen. Wenn wir phantasieren, nutzen wir unsere Vorstellungskraft, um etwas Fehlendes zu kompensieren. Je mehr du deinen Träumen nachhängst, desto mehr Illusionen stellst du zwischen dich und deinen Partner. Da dein Partner deinen Phantasievorstellungen nicht genügen kann, ist es unvermeidlich, dass sich zunehmend ein Gefühl der Unzufriedenheit, Enttäuschung und Frustration einschleicht. Sei vorsichtig: Wenn du zulässt, dass Phantasievorstellungen in deiner Beziehung wachsen können, wirst du deinen Partner mit diesen Versuchen, ihn attraktiver zu machen, in Wahrheit von dir wegschieben.

Phantasien basieren auf Verlust, Schmerz, Groll und dem Urteil, dass etwas in deinem Leben fehlt. Phantasien sind ein Versuch, etwas ins Leben zu holen, das nur dadurch erreicht werden kann, dass du dich mit deinem Partner auf einer neuen Ebene der Intimität verbindest. Phantasien verbergen die entscheidende Notwendigkeit, den nächsten Schritt zu gehen. Wenn du deinen Phantasien nachhängst, steckst du fest und versuchst dir durch eine Illusion Zufriedenheit zu verschaffen. Das wird letztlich nicht funktionieren. Lass deine Phantasievorstellungen los, damit du das Wirkliche und Echte in einer Art und Weise erfahren kannst, die dich zufrieden macht.

Übung zum 13. Schritt

Schritt 1: Wenn du dich heute bei einem Tagtraum ertappst, so finde heraus, was ihm zugrunde liegt. Irgendwo versteckt sich dahinter ein schmerzliches Gefühl, das wie ein Keil zwischen dir und deinem Partner steckt.

Schritt 2: Lasse alle schmerzhaften Gefühle los, indem du sie bewusst wahrnimmst, bis sie sich aufgelöst haben, oder indem du sie deinem Höheren Bewusstsein übergibst.

Schritt 3: Finde heraus, um was für einen Schmerz es sich handelt, den deine Phantasien kompensieren sollen, vor allem jene, die sich um deinen Idealpartner drehen, und übergib dann diesen Schmerz deinem Höheren Bewusstsein.

Meine Phantasievorstellung ....

Darunter war verbarg sich folgender Schmerz ....

Ich bin bereit für den nächsten Schritt!

13. Schritt

Dein persönlicher Fortschritt auf dem Weg zum idealen Partner

14. Schritt

Wenn es verletzt, ist es keine Liebe

Im Gegensatz zu „Bedürfnissen" tut Liebe nicht weh, auch wenn viele Popsongs und traditionelle Volkslieder das Gegenteil verkünden. Bei jedem Herzensbruch deiner Vergangenheit handelte es sich in Wirklichkeit darum, dass deine Bedürfnisse nicht befriedigt wurden – Teil eines Machtkampfes, bei dem du deine Verletztheit als emotionales Erpressungsmittel benutzt hast, um deinen Partner zu zwingen, nach deinem Willen zu handeln und deine Bedürfnisse zu erfüllen. Dein gebrochenes Herz ist in Wirklichkeit ein Racheakt, der mit Hilfe deines Schmerzes den wahren, schrecklichen Charakter deines Partners verkündet.

Wenn du die Dynamik von Verletztheit und Zurückweisung verstehst, kannst du Riesenschritte in Richtung Reife machen und dich öffnen, für Beziehungen und dafür, ein besserer Partner zu sein, wenn du erst deinen Lebensgefährten gefunden hast. Verletztsein ist ein Versuch, einen anderen Menschen ins Unrecht zu setzen. Es beruht auf etwas, das du nicht akzeptieren kannst, das du ablehnst oder dem du dich widersetzt. Was du von dir wegschiebst, verursacht dein Verletztsein und den emotionalen Schmerz. Kaum zu glauben, aber als nächstes projizierst du dann das Wegschieben auf deinen Partner und fühlst dich abgelehnt.

Projektionen sind ein Abwehrmechanismus. Bei Projektionen handelt es sich um etwas, das du selbst tust und dessen du einen anderen Menschen anklagst. Verletztheit beruht auf Geben, um zu nehmen, einer Form der Aufopferung, die den Partner zu etwas zwingen soll. Wenn sich dein Partner aufgrund deines Nehmens von dir zurückzieht, dann regst du dich darüber auf, was dein eigentliches Tun verbirgt.

Wenn du deine Verletztheit oder dein gebrochenes Herz als Teil deiner Verschwörung einsetzt, um die Kontrolle zu übernehmen und dadurch im Leben das zu tun, was du möchtest, kann dir dies doppelt schaden, denn es wird dir nicht nur schwer fallen, einen Partner zu finden, sondern auch eine gesunde Beziehung zu führen.

Übung zum 14. Schritt

Wenn es eine Erfahrung gibt, unter der du immer noch leidest, so finde heraus, inwiefern dir dieser Schmerz die Kontrolle ermöglicht. Möchtest du lieber die Kontrolle behalten oder deinen Idealpartner finden?

Erfahrungen, die immer noch schmerzlich für mich sind: …………………

Durch diesen Schmerz kontrolliere ich ……………………

Kontrolle ist jener Teil der Unabhängigkeit, der zu Streit führt. Sie ist generell etwas vollkommen Unattraktives, außer für jene Menschen, die jemanden suchen, der sich um ihre Bedürfnisse kümmert. Die Offenheit der Intimität hingegen ist voller Reichtum und attraktiv für andere.

Offenheit mag zwar ein Risiko sein, ist aber auch aufregend und bringt Freude. In deiner Veränderung liegt deine Heilung.

In Wirklichkeit will ich …………..

Ich werde wirklich glücklich sein, wenn ich Folgendes habe: …………………

14. Schritt

Dein persönlicher Fortschritt auf dem Weg zum idealen Partner

15. Schritt
Vertrauen

Vertrauen gehört zu den Grundpfeilern einer Beziehung. Es gibt keine Liebe ohne Vertrauen. Vertrauen ist das Gegenteil von Naivität, bei der es sich um eine Form von Verleugnung handelt, die als Unschuld daherkommt. Wenn du vertraust, richtest du die Kraft deines Geistes mit einer Haltung von Zuversicht, Kraft und Erfolg auf das aus, worauf du vertraust. Vertrauen gehört zu den wichtigsten Heilungsprinzipien. Vertrauen kann jedes Problem lösen.

Probleme treten auf, weil dein Geist aufgrund der Natur des Unterbewusstseins gespalten ist. Jedes Mal, wenn du sehr verletzt wirst, spaltest du einen Teil deines Geistes ab und weist diesen Teil als schmerzlich zurück. Der abgespaltene Teil wird dann nach draußen projiziert und kommt zu dir als Problem zurück. Wenn das geschieht, nimmst du eine kontrollierende Haltung ein, um den Schmerz von dir fern zu halten. Wenn du einer negativen Situation mit Vertrauen begegnest, beginnt die Situation für dich zu arbeiten und entfaltet sich auf positive Art und Weise.

Kontrolle ist eine subtile Art von Machtkampf, die unseren Beziehungen im Wege steht und auf eine Angst vor Intimität hindeutet. Sie ist das Gegenteil von Vertrauen. Kontrolle versucht das in ihren eigenen Machtbereich zu bringen, was Vertrauen dadurch zuwege bringt, dass es öffnend wirkt und den Weg für eine Lösung freimacht.

Übung zum 15. Schritt

1. *Jedes Mal, wenn du heute an deinen Idealpartner denkst, dann tue dies in dem Wissen, dass er bereits auf dem Weg zu dir ist. Vertraue dir und deinem Partner. Wenn du Vertrauen in die Beziehung setzt, wird sie sich ebenso entfalten wie du.*
2. *Möglicherweise gibt es einen Teil in dir, der eine Beziehung will, und einen anderen Teil, der Angst vor einer Beziehung hat.*

   Stelle dir vor, dass du den einen Teil in deiner rechten und den anderen in deiner linken Hand hältst.

   Spüre das Gewicht und die Beschaffenheit der beiden Teile.

   Nimm die Farbe, Größe und Form der beiden Teile wahr.

   Nimm den Geruch der beiden Teile war.

   Höre, welche Laute die beiden Teile von sich geben.

   Stelle dir vor, wie diese beiden Teile schmelzen, bis sie nur noch reine Energie sind – der Grundbaustein des Universums.

   Wenn beide Teile vollständig geschmolzen sind, nimm wahr, dass du in beiden Händen genau dasselbe hältst.

   Führe deine beiden Hände mit der Energie so weit zusammen, bis deine Finger vollkommen ineinander verschränkt sind.

   Nimm wahr, wie das aus der Integration entstandene neue Gefühl bzw. die neu entstandene Form dir dein Bewusstsein zurückgibt – ganz und heil.

15. Schritt

Dein persönlicher Fortschritt auf dem Weg zum idealen Partner

16. Schritt

Manifestiere dein Leben!

Bei diesem Kapitel handelt es sich um eine der drei grundlegendsten Lektionen auf dem Weg zu deinem Idealpartner. Lerne sie gut!

Wenn du etwas manifestieren willst, brauchst du einfach nur das zu erschaffen, was du dir wünschst. Wir alle machen dies die ganze Zeit in unserem Unterbewusstsein. Wer gut im Manifestieren seiner Wünsche ist, der weiß, dass er die Macht dazu hat, und setzt diese Kraft bewusst ein.

Alles, auch das Negative, geschieht, weil wir es gewählt haben. Die heutige Lektion könnte dein gesamtes restliches Leben verändern, wenn du dieses Prinzip in dein Leben integrierst.

Als ich noch jung und ungebunden war und es Vergnügen für mich bedeutete, möglichst oft die Partnerin zu wechseln, pflegte ich eine Liste mit allen Eigenschaften aufzustellen, die meine nächste Partnerin haben sollte. Meine Listen waren lang und ausführlich, mit einer genauen Beschreibung der gewünschten Eigenschaften einschließlich der verfügbaren Zeit usw., so dass es Monate dauern konnte, bis meine Bestellung auftragsgemäß bei mir eintraf. Aber die gewünschte Partnerin kam jedes Mal und hatte haargenau die bestellten Eigenschaften. Wäre ich damals ein wenig reifer gewesen, hätte ich jene Beziehungen bewusster erleben und mehr genießen können.

Manifestieren bedeutet, sich etwas zu wünschen, was dann tatsächlich eintritt. Du kannst das, was du dir wünschst, zu jeder Tageszeit wählen. Am empfänglichsten ist dein Geist jedoch in den Übergangsphasen zwischen Wach- und Schlafzustand, d.h. kurz vor dem Einschlafen und kurz vor dem Aufstehen.

Das ist der richtige Moment, um dir zu sagen, welche Gefühle oder Erfahrungen du am nächsten Tag oder in naher Zukunft erleben möchtest. Wenn du feststellt, dass etwas geschieht, das dir nicht gefällt, dann triff eine neue Wahl.

Wenn etwas Negatives geschieht, dann

1. gestehe dir ein, dass du es nicht gewollt hast;
2. gestehe dir ein, dass du bei deiner Wahl unterbewusst, wenn nicht sogar bewusst, einen Fehler gemacht hast;
3. erkenne, dass du etwas Besseres verdienst;
4. sei dir bewusst, dass es nicht der Wahrheit entspricht, wenn es dich nicht glücklich macht;
5. wähle das, was du willst, noch einmal
6. und übergib es deinem Höheren Bewusstsein.

   Dieses eine Prinzip könnte dich für den Rest deines Lebens glücklich machen.

Wähle Situationen, in denen alle Beteiligten gewinnen, und behalte deine Integrität.

Wähle niemals den Partner eines anderen Menschen, denn das würde für alle Beteiligten zu Problemen führen, Schuldgefühle hervorrufen und das Vorankommen jedes einzelnen verzögern. Und du könntest dadurch den Menschen verpassen, der nur für dich allein bestimmt ist. Dein wahrer Partner wird ohne Hindernisse zu dir kommen.

Denke stets daran, positive Dinge wie Gesundheit und Fülle für die Menschen zu manifestieren, die dir nahestehen. Was du für andere manifestierst, manifestiert sich auch für dich. Wie du andere segnest, so wirst du gesegnet werden.

Übung zum 16. Schritt

Schreibe alle Eigenschaften auf, die du dir bei deinem Partner wünschst: ....

Ich bin entschlossen, meinen Idealpartner zu erkennen.

Lasse deine Wünsche so weit offen, dass genug Platz bleibt für alles, was dein Höheres Bewusstsein möglicherweise für dein Glücklichsein hinzufügen möchte.

Nimm die Energie deines Wunsches wahr und spüre, wie gut sie sich anfühlt; schicke dann deinen Wunsch ins Universum hinaus, wohl wissend, dass dein Partner bald bei dir sein wird.

Jedes Mal, wenn du an deinen Partner denkst, mache dir bewusst, dass er auf dem Weg zu dir ist. Sei dankbar für das, was du bereits hast, und für das, was kommen wird. Mache dir keine Gedanken darüber, ob du alles ganz genau richtig machst. Was zählt, ist deine Absicht, und nicht die Art, wie du es machst. Ich habe von mindestens einem halben Dutzend Manifestations-Methoden gehört, und sie alle funktionieren. Das Wesentliche, worum es geht, steht hier. Wenn du fertig bist, lasse dein Höheres Bewusstsein den Rest erledigen. Vielleicht wirst du eine andere Methode entwickeln, die für dich besser funktioniert. Vertraue dir. Ich wünsche dir viel Glück!

16. Schritt

Dein persönlicher Fortschritt auf dem Weg zum idealen Partner

17. Schritt

Deine Einstellung bestimmt deine Richtung

Deine innere Haltung ist der grundlegendste Aspekt deines Lebens, denn sie bestimmt deine Richtung. Deine Einstellung setzt sich zusammen aus deinen Entscheidungen, die in ihrer Gesamtheit die allgemeine Richtung deines Lebens angeben. Es ist wichtig, dass du weisst, was du willst und wohin du gehen möchtest, dass du dir Ziele setzt und geeignete Entscheidungen fällst, die diese Ziele unterstützen (und du wirst möglicherweise mutig sein und ein paar Risiken eingehen müssen).

Du wirst dich ändern müssen, wenn du deinen Idealpartner finden willst, und auch, um mit ihm glücklich zu sein. Veränderung ist unumgänglich, wenn du Erfolg haben willst, denn wenn du so weitermachst wie bisher, dann wirst du weiterhin das bekommen, was du schon hast – das solltest du dir einmal kurz vor Augen halten. Deine Einstellung gegenüber Veränderungen ist entscheidend für deinen Erfolg. Wenn es dir schlecht geht oder sich dein Leben tot anfühlt, dann wirst du möglicherweise beginnen, Veränderungen als den größten Segen auf Erden zu erkennen. Warum triffst du nicht einfach die Entscheidung, dass jede Veränderung aufregend oder ein großes Abenteuer sein wird?

Es ist wichtig, dass du nicht nur die Entscheidung triffst, deinen Idealpartner zu finden, sondern auch mit ihm glücklich zu sein. Das mag zwar selbstverständlich scheinen, doch wenn du dich nicht für das zweite Ziel entscheidest, dann könnte dein erstes großes Missverständnis auch dein letztes gewesen sein. Wenn du dir erst einmal ein Ziel für deine Beziehung gesetzt hast, dann wird alles, was auftaucht, einfach nur etwas sein, das auf deinem Weg zum Glück bearbeitet sein will.

In jeder Beziehung gibt es Probleme und Situationen, die bearbeitet sein wollen und der Heilung bedürfen. Zwischen dir und deinem Partner wird alles auftauchen, was euch von der totalen Freude trennt, da alter Schmerz und alte Verhaltensmuster als Probleme verkleidet in gegenwärtigen Beziehungen wieder hochkommen und zu Streit oder Erstarrung führen. Darum solltest du in deiner Beziehung eine heilungsbewusste Haltung einnehmen.

Alles, was nicht Liebe ist, ist ein Schrei nach Liebe.

Dieser Gedanke hilft uns, negative Verhaltensweisen nicht isoliert zu betrachten, sondern zu schauen, was sich dahinter verbirgt, und mit Liebe und Verständnis darauf zu reagieren. Glaube mir, wenn du deinen Idealpartner gefunden hast, fängt die Reise erst an.

Das erste Stadium jeder Beziehung ist die Zeit der romantischen Verliebtheit. Diesem Stadium folgen blitzschnell zwei weniger angenehme Phasen, die Zeit des Machtkampfes und die „Todeszone", jene Zeit der Erstarrung und Leere, nach welcher die Beziehung dann in die Phase des schöpferischen Miteinanders eintritt.

Viele Beziehungen überleben die Todeszone nicht. Jede Menge Streit und Trennungen gibt es in der Zeit des Machtkampfes. Deine Einstellung gegenüber diese Phasen und dein Verständnis sind von ganz entscheidender Bedeutung, um deiner Beziehung zum Erfolg zu verhelfen.

Entscheide dich dafür, Experte für Intimität, Liebe, Kommunikation, Vertrauen, Loslassen und Vergebung zu werden. Dann wird nicht nur deine Beziehung wachsen, sondern dein ganzes Leben in großen Sprüngen vorankommen. Entscheide dich dafür, dass es in deiner Beziehung um mehr gehen soll als nur um dich und deine Gefühle, nämlich um Wahrheit und Heilung. Allein diese Entscheidung könnte dir unzählige Jahre an Sackgassen und Verzögerungen ersparen, Zeiten, in denen du mehr oder weniger subtil die Kontrolle an dich reißt oder dich zum wichtigsten Teil der Beziehung machst. In Anbetracht der Komplexität des menschlichen Geistes gibt es in Beziehungen sprichwörtlich Tausende von sehr komplizierten und Tausende von einfachen, aber tiefgreifenden Dingen zu heilen. Sie alle können geheilt werden, und das auf einfache Weise, wenn der wahrhafte Wunsch zur Heilung vorhanden ist und die Bereitschaft besteht, vorwärts zu gehen.

Mit zunehmender Reife werden deine Leichtigkeit und deine Zuversicht Schritt für Schritt wachsen. Entscheide dich dafür, deine Beziehungs-Lektionen schnell und mühelos zu lernen.

Sorge dafür, dass dein Partner an deiner Seite immer zu hundert Prozent gewinnt. Wenn du das nicht tust, wirst du letztendlich die Rechnung bezahlen, sei es durch Aufopferung oder dadurch, dass dein Partner an Attraktivität verliert. Entscheide dich dafür, voll Freude zu lernen, und beseitige alles, was dich von deinem Partner trennt.

Übung zum 17. Schritt

Nimm dir ausgiebig Zeit, um auf dein Leben zurückzuschauen.

Wohin steuerst du?

Die Zeit ist gekommen, dich zu ändern und daran zu arbeiten, all jene Entscheidungen, Vorurteile oder Ängste zu beseitigen, die dich möglicherweise zurückhalten.

Wähle für deine Beziehung solche Ziele und Einstellungen, die deinen Einsatz dieses höchst wirkungsvollen Heilungsprinzips zugunsten eures gemeinsamen Wachstums und Glücks unterstützen.

Meine neuen Ziele und Einstellungen lauten: ...

Ich verdiene das Beste!

17. Schritt

Dein persönlicher Fortschritt auf dem Weg zum idealen Partner

18. Schritt

Befreie deine Familie, befreie dich selbst!

Nachdem ich mich jahrelang damit beschäftigt habe, wie Lebensmuster und die scheinbar unerschöpflichen, sich immer wieder selbst erneuernden Quellen der Schuldgefühle entstehen, die aus dem Unterbewusstsein sprudeln, wurde mir vieles klar. Schuldgefühle blockieren die Fülle und das Empfangen, wobei sie einerseits dazu führen, dass wir uns selbst angreifen, und gleichzeitig Angriffe und Probleme erzeugen, die von außen zu kommen scheinen. Ganz gleich, wieviel Schuldgefühle geklärt werden, es scheint immer noch mehr Schuld vorhanden zu sein.

Schuldgefühle stellen eine ganz wichtige Dynamik bei allen Problemen dar, wozu auch das Mangel-Erleben gehört; je mehr wir jedoch unsere Schuldlosigkeit erkennen, desto leichter und reichhaltiger wird unser Leben. Im Laufe der Jahre habe ich erkannt, dass es im Unterbewusstsein Bereiche gibt, in denen Schuldgefühle Schicht um Schicht hochzukommen scheinen, was Menschen vom Wachstum abhält und negative Lebensmuster entstehen lässt. Ich fand heraus, dass diese Muster ihren Ursprung in der Familie haben und oft mit Erfahrungen im Mutterleib beginnen. Ich erkannte, dass es in der Dynamik dieser Ereignisse eine Reihe von Gemeinsamkeiten gibt.

Der erste Punkt ist der, dass derartige Ereignisse zu einem Teil unserer Selbst-Verschwörung gegen unsere eigene Größe werden. Wir bekommen Angst vor dem nächsten Schritt in unserer Entfaltung, und wenn wir kurz vor diesem Schritt stehen, manifestieren wir unterbewusst ein Drama, das uns dann blockiert. In der Regel handelt es sich dabei um ein Trauma, das Mitglieder unserer Familie mit einbezieht.

Im Laufe meiner mehr als zwanzigjährigen Therapeutentätigkeit fand ich heraus, dass wir anscheinend auf die Welt gekommen sind, um genau die Probleme oder Situationen zu heilen, die uns traumatisiert haben.

Wir sind die Überbringer der Gnade – die Gaben-Bringer –, womit ich meine, dass wir durch unsere ganz persönliche Wesensart, durch unser Sein, die Fähigkeit haben, die Probleme zu heilen, in denen wir mit unserer Familie gefangen sind. Wenn wir aus einem Zustand reinen Seins heraus handeln, in dem wir wirklich wir selbst sind, dann funktionieren die Dinge, doch wenn wir anderen oder uns selbst die Schuld geben oder in die Falle von Aufopferungs-Gefühlen tappen, dann bleiben wir erfolglos. Und dann arbeiten wir meist noch härter, tun noch mehr und versuchen zu kompensieren, um dadurch zu beweisen, dass wir gute und erfolgreiche Menschen sind.

Leider werden wir dann von genau den Problemen und dem Unbehagen eingeholt, das wir zu heilen gekommen sind. Es ist typisch, dass wir angesichts eines überwältigenden Familienproblems uns selbst die Schuld zu geben beginnen, statt das Geschenk zu erkennen, das wir ursprünglich bringen wollten.

Genau gesagt, sind wir auf die Welt gekommen, um jedes einzelne Mitglied unserer Familie zu retten, unsere Eltern als Paar und die Familie als Ganzes. Jedes neue Geschwisterchen kommt in einer Art Rettungsmission, um dem vor ihm geborenen Kind zu helfen und es zu unterstützen. Doch in der Regel wird diese Mission von uns missverstanden. Untersuchungen zeigen, dass die Geburt von Geschwistern eine der schmerzlichsten Erfahrungen im Leben eines Menschen darstellen kann und kaum als Begrüßung eines Freundes und Verbündeten erlebt wird.

Als Kind begannen wir uns selbst die Schuld zu geben. Wir verließen unsere Mitte in dem Versuch, unsere Probleme zu lösen. Als wir unsere Mitte verließen, betraten wir den Bereich der Illusion und Aufopferung und bürdeten uns im Bemühen zu helfen eine „Aufgabe“ auf. Bei dieser „Aufgabe“ handelt es sich um etwas, das wir unserem Gefühl nach für jemanden in der Familie tun müssen, z. B. den Betreffenden glücklich machen, viel Geld für ihn verdienen oder seinen Ärger beschwichtigen. Wir mögen wie Sklaven darin verstrickt sein oder dagegen rebellieren, auf jeden Fall aber sind wir darin gefangen.

Leider haben wir es nie geschafft, diese Aufgabe mit Erfolg zu erledigen, und das hat Schuldgefühle entstehen lassen. Aus Angst „machen“ wir diese Arbeit selbst, statt zuzulassen, dass sie durch die Gnade oder einfach aus unserem Sein heraus getan wird. Wir haben wiederholt unsere Mitte verlassen, jenen Ort der Schuldlosigkeit und Einfachheit, ohne uns bewusst zu sein, dass dies zur Selbst-Zerstörung führen, ja sogar den Tod unseres Selbst herbeiführen könnte.

Da unser Geist nicht so schnell aufgibt, erschafft er uns bereitwillig ein neues Selbst, aber er lässt dieses Selbst fern von unserer Mitte entstehen, an einem Ort der Schuldgefühle, wo kein Empfangen möglich ist.

Weil wir uns selbst tadeln und uns schuldig fühlen, verlassen wir unsere Mitte und versuchen das Problem durch unsere Aufopferung besser zu machen. Das führt dazu, dass wir uns eine „Aufgabe“ aufhalsen, uns im Tun verstricken, die Schuld durch harte Arbeit kompensieren wollen. Dadurch entstehen Schwierigkeiten, Fusion und Wettbewerb in unserem Leben.

Als ich diese Dynamik endlich verstanden hatte, schien die Lösung einfach. Sie funktioniert folgendermaßen. Mit Hilfe unseres Höheren Bewusstseins (denn ohne seine Hilfe könnte der Prozess Wochen oder gar Monate dauern) können wir uns zurück in unsere Mitte tragen lassen. Jedes Mitglied unserer Familie kann auf unseren Wunsch hin in seine Mitte zurückgebracht werden.

Wenn wir in unsere Mitte zurückkehren, werden seit langer Zeit bestehende Schuldgefühle aufgelöst und negative Lebensmuster beseitigt. Da Schuldgefühle den Zweck haben, uns vom Voranschreiten abzuhalten, entstehen durch jene schuldbezogenen Blockaden Lebensmuster, die uns von unserer persönlichen Lebensaufgabe abhalten. Sobald diese Blockaden in unserer Familie aufgelöst sind, können wir der Welt auf ganz natürliche Weise unsere Gaben schenken. Wenn dein Selbst „gestorben" ist, stelle dir vor, wie du Leben hineinhauchst, so dass es wieder zum Leben erwachen kann. Es kann dann zurück in deine Mitte getragen und neu integriert werden.

Dein Geschenk muss nicht unbedingt etwas sein, was du tust. Es ist etwas, das du von Natur aus verkörperst. Es entspringt in Gnade deinem Sein und lässt mehr Leichtigkeit und Erfolg in deinem Leben entstehen.

Übung zum 18. Schritt

Schreibe allen großen Groll auf, den du gegenüber Mitgliedern deiner Familie hegst, sowohl gegenüber jenen, die noch am Leben sind, als auch gegenüber den bereits verstorbenen: …

Du bist auf die Welt gekommen, um diesen Menschen in genau den genannten Punkten zu helfen oder sie sogar aus diesen Situationen zu erretten. Jeder Groll hält dich von deiner Entfaltung und deinem natürlichen Voranschreiten ab. Dieser Groll verbirgt deine Schuldgefühle und hält dich durch das eine oder andere erfolglose Muster in der Aufopferung gefangen. Darum sei bereit, den Menschen zu vergeben, denen du grollst, indem du sie nicht länger dazu benutzt, dich selbst zurückzuhalten.

Stelle dir vor, wie du jeden Menschen, dem du grollst, bei der Hand nimmst, und sieh vor deinem geistigen Auge, wie du Arm in Arm mit diesen Menschen zur nächsten Stufe deines Lebens weitergehst. Du steckst mit diesen Menschen nicht länger fest, und mit jedem Schritt wird ein Geschenk frei, das seit Anbeginn des Grolls auf dich gewartet hat.

Dieser Prozess funktioniert auch dann, wenn der oder die Betroffene bereits verstorben ist, da er eine befreiende Wirkung auf das Leben und das karmische Muster aller Beteiligten hat und den persönlichen Wert wiederherstellt.

Ich bin auf dem Weg in die Freiheit!

18. Schritt

Dein persönlicher Fortschritt auf dem Weg zum idealen Partner

19. Schritt

Rollen, Regeln und Pflichten

Bei Rollen und Pflichten geht es darum, dass wir das Richtige aus dem falschen Grund tun. Auf der Suche nach Anerkennung übernehmen wir bestimmte Rollen oder erfüllen erwartungsgemäß unsere Pflichten, um zu beweisen, dass wir gute Menschen sind, und um anderen, meist unseren Eltern, zu demonstrieren, wie sie sich uns gegenüber richtigerweise hätten verhalten sollen.

Rollen und Pflichten basieren auf Groll, auf Gefühlen der Schuld und des Versagens. Es handelt sich dabei um verkörperte Formen der Aufopferung, durch die wir unsere schmerzhaften Gefühle kompensieren.

Rollen zwängen uns ein wie eine Rüstung, sie trennen uns von der Intimität und unserer Fähigkeit zu geben und zu empfangen. Rollen führen zu Erstarrung und Leere. Am häufigsten vertreten sind die Rollen des „guten Menschen“ und des „harten Arbeiters“.

In unserer Gesellschaft scheinen die meisten Traumata im Alter von etwa drei Jahren aufzutreten, eine Zeit, in der wir den größten Teil unserer Rollen übernehmen. Rollen und Pflichten sind Charaktereigenschaften, die einem Kind zwar überleben helfen, einen Erwachsenen aber umbringen können. Höhere Seinsformen für ein Kind sind Liebe, Kreativität, Geben und Empfangen, doch davon ist in Rollen nichts vorhanden, geschweige denn verbindliches Sich-Einlassen, Wahrheit, Leichtigkeit und Freiheit. Interessanterweise handelt es sich bei der Angst vor verbindlichem Engagement eigentlich um Angst vor Aufopferung, die auf einem Ausleben bestimmter Rollen beruht, darauf, dass man „tut, was von einem erwartet wird, selbst wenn es einem nicht gefällt“.

Wahres Sich-Einlassen erzeugt Freiheit, Erlösung und Leichtigkeit, denn es beruht auf einer freien Wahl.

Geben und Empfangen verstärken unser Selbstwertgefühl und heilen die Hauptdynamik der Angst vor verbindlichem Engagement, die in der Überzeugung besteht, dass niemand, auch wir selbst nicht, kontinuierliche Aufmerksamkeit verdient hat.

Regeln basieren auf Schuld und Schmerz. Sie haben dieselbe Dynamik wie Rollen und Pflichten. Regeln sind unbarmherzige Forderungen an uns selbst und andere, die zu Situationen führen, bei denen niemand gewinnt, denn du fühlst dich zwar ein wenig sicherer, wenn jemand deine Regeln befolgt, die Angst aber bleibt, die diese Regeln aufgestellt hat. Regeln sind falsch verstandene Prinzipien.

Prinzipien sind fließend und erzeugen Leben, sie beginnen den Dialog, statt ihn zu beenden. Jeder von uns hat in Bezug auf Beziehungen Hunderte von widersprüchlichen Regeln. Damit versuchen wir, unsere Sicherheit zu wahren, aber letztendlich trennen sie uns von den Menschen, die wir lieben.

Übung zum 19. Schritt

1. *Halte Ausschau nach all jenen Lebensbereichen, in denen du gibst, aber nichts zu empfangen scheinst. Geben und Empfangen bilden einen natürlichen Kreislauf, Geben führt zum Empfangen. Ein Bereich, in dem du nichts empfängst, ist ein Bereich, in dem du in einer Rolle steckst. Um eine Rolle in wahres Geben zu verwandeln, brauchst du dich einfach nur* ***frei*** *für das Geben zu* ***entscheiden****, anstatt zu geben, weil man es von dir erwartet.*

   In folgenden Bereichen gebe ich, ohne etwas zu empfangen: ....
2. *Stelle eine Liste aller Regeln auf, die du für jene Bereiche aufgestellt hast, in denen du dich verletzt, verärgert oder beleidigt fühlst, wenn deine Regeln nicht eingehalten werden, z. B. wenn es um Seitensprünge, Unpünktlichkeit oder mangelndes Einfühlungsvermögen geht. Um diesen Regeln auf die Spur zu kommen, denke an all jene Augenblicke, in denen du dich verletzt fühltest. Wenn du deine Regeln erkennst, triff neue Entscheidungen bezüglich jener Regeln, die du bereit bist loszulassen. Übergib diese Regeln deinem Höheren Bewusstsein, damit es sie in Prinzipien umwandeln kann. Rollen sind starr, Prinzipien dagegen flexibel; das mag auch der Grund für das Sprichwort sein, dass „Regeln dazu da sind, um gebrochen zu werden".*

   Regeln verbergen alten Schmerz und Schuldgefühle; sie sind eigentlich eine Verteidigungsmauer, die gestürmt werden will, damit der Schmerz und die Schuld geheilt werden können. Wenn Regeln gebrochen werden und wir in unseren Beziehungen Schmerz erleben, ist es ganz typisch, dass wir eine reaktive, defensive oder angreifende Haltung einnehmen, statt diese Gelegenheit als Chance für Kommunikation, Heilung und Entwicklung zu nutzen.

   Meine Regeln lauten: ....

3. *Nimm jene Rollen und Regeln genau unter die Lupe, die deiner Beziehung im Weg stehen könnten.*

Rollen, die ich zu ändern bereit bin:

....

Regeln, die ich zu ändern bereit bin:

....

Ich bin dabei, gute Entscheidungen zu treffen!

19. Schritt

Dein persönlicher Fortschritt auf dem Weg zum idealen Partner

20. Schritt

Rollen in der Familie

Deine Rolle innerhalb der Familie kann deiner idealen Beziehung im Wege stehen. Solche Rollen können in unserem Leben eine ganze Reihe positiver Dinge blockieren. Zu den Hauptrollen innerhalb der Familie zählen der Held, der Märtyrer, der Sündenbock, das verlorene Kind und der Charmeur. Held, Märtyrer und Sündenbock beruhen alle drei auf Schuldgefühlen, während der Charmeur und das verlorene Kind von Gefühlen der Unzulänglichkeit herrühren.

Der Held ist das leuchtende Licht in der Familie, er ist stets erfolgreich, gewinnt immer, ist gut im Sport und bekommt ausgezeichnete Noten usw. Der Held ist dasjenige Familienmitglied, auf das alle stolz sind. Helden versuchen die Familie dadurch zu retten, dass sie die Allerbesten sind. Doch leider kompensieren sie dadurch nur ihre Schuldgefühle.

Der Sündenbock ist der Problemfall der Familie und steckt ständig bis zum Hals in Schwierigkeiten. Ein Sündenbock will seiner Familie dadurch helfen, dass er ihre gesamten Schwierigkeiten auf die eigene Schulter nimmt, und er versucht die Familie dadurch zu retten, dass er sie dazu bringt, Außenstehende wie die Polizei zu Hilfe zu rufen. Ein Sündenbock versucht die Familie von ihren Problemen abzulenken. Darin besteht sein Beitrag für die Familie, wobei es sich um eine Kompensation von Schuldgefühlen handelt.

Der Märtyrer wird krank oder hat Probleme, da er versucht, den Schmerz der ganzen Familie zu schlucken und sie auf diese Weise zu retten. Der Märtyrer ist eine Kreuzung zwischen Held und Sündenbock, er opfert sich in dem erfolglosen Versuch, die Familie zu retten.

Die nächsten beiden Rollen, das verlorene Kind und der Charmeur, beruhen beide auf Gefühlen der Unzulänglichkeit. Menschen, die diese Rolle spielen, haben das Gefühl, nicht gut genug zu sein, um geliebt zu werden, und glauben der Familie am besten durch ihr Verschwinden oder Unsichtbar-Machen zu helfen.

Ein Charmeur, auch Maskottchen genannt, unterhält die ganze Familie mit seinem Humor und seinen Spielereien. Darunter jedoch hat er das Gefühl, nicht als der Mensch geschätzt zu werden, der er ist, sondern nur um der Dinge willen, die er für die Menschen tut. Der Charmeur glaubt, alle zu unterhalten sei der beste Beitrag, den er für die Familie leisten kann.

All diese Rollen sind Formen des Gebens ohne Empfangen. Eine Familie weist den einzelnen Familienmitgliedern unterschiedliche Aufgaben zu, in dem erfolglosen Versuch, ein Gleichgewicht herzustellen und die Familie als Ganzes zu retten. Je mehr eine Familie in Rollen gefangen ist, desto größer wird die Funktionsstörung innerhalb der Familie; und je größer die Funktionsstörung innerhalb der Familie ist, desto mehr verstrickt sie sich in Rollen. Dies ist ein Teufelskreis.

In Wahrheit ist die Familie eine Einheit. Sie besitzt ein „Gruppenbewusstsein", was bedeutet, dass jede Rolle und jede Handlung der einzelnen Familienmitglieder auf einer unterbewussten Ebene von der Familie beschlossen wird. Jedes Familienmitglied ist mitverantwortlich. Nach alledem, was ich in den vielen Jahren meiner Tätigkeit als Therapeut gesehen habe, möchte ich sogar behaupten, dass das Unterbewusstsein eigentlich durch die innerfamiliäre Dynamik entsteht.

Wenn wir nicht durch eine Transformation gehen, werden unsere Familien-Rollen uns das ganze Leben lang begleiten. Obwohl wir in der Familie all diese Rollen spielen, konzentrieren wir uns in unserem Leben normalerweise auf ein oder zwei Rollen. Diese Rollen können uns beim Eingehen einer Beziehung dazwischenfunken. Ein Märtyer könnte sich weigern, einen Partner zu finden, da er sich ja um die Familie oder einen gebrechlichen Elternteil kümmern muss. Ein Sündenbock könnte so sehr mit seiner Rolle beschäftigt sein, sich in Schwierigkeiten zu bringen, um die Familie zu retten, dass dadurch vielleicht sein gesamtes eigenes Leben in der Warteschleife liegt.

Solange du dich nicht bewusst von deiner Familien-Rolle befreit hast oder auf einer visionären Ebene lebst, bist du in dieser Dynamik gefangen. Die Rollen, die wir spielen, werden Teil unserer Beziehungen, und früher oder später werden die Schuld- und Versagens-Gefühle, die dazu geführt haben, dass wir diese Rollen spielen, ans Tageslicht kommen. Wenn du nicht erkennst, dass es sich um einen Heilungsprozess handelt, den Anfang neuen Wachstums, dann werden diese Sätze in deinen Ohren wie das Läuten der Totenglocke für deine Beziehung klingen.

Übung zum 20. Schritt

1. *Gehe nun in Gedanken zu deiner Familie und überlege, welche Rollen die einzelnen Familienmitglieder gespielt haben.*
2. *Sei bereit, eine andere Wahl zu treffen, wenn dir diese Rollen keinen Dienst erweisen. Indem du ein neues Gleichgewicht findest, wird auch deine Familie ins Gleichgewicht kommen.*
3. *Jede Rolle stellt einen Ort abseits deiner Mitte dar. Bitte dein Höheres Bewusstsein, dich zurück in deine Mitte zu tragen, und wenn du ein größeres Gefühl des Friedens spürst, dann bitte auch darum, dass deine Familie zurück in ihre Mitte getragen werde.*

Benutze deine Familie nicht als Entschuldigung, um dort stehenzubleiben, wo du bist. Wenn du vorangehst, wird es jedem Menschen in deiner Familie und in deinem Leben Nutzen bringen. Familien-Rollen und Familien-Muster sind die schlimmsten Fallen, die dich davon abhalten können, gemäß deiner Lebensaufgabe zu leben und glücklich zu sein.

Sei bereit, deine Lektionen zu lernen und nichts und niemanden dazu zu benutzen, um dich selbst zurückzuhalten.
Nichts und niemand hält mich von meinen Idealpartner fern.

20. Schritt

Dein persönlicher Fortschritt auf dem Weg
zum idealen Partner

21. Schritt

Nichts ist schwer zu erreichen, wenn du es wirklich willst!

„Nichts ist schwer zu erreichen, wenn du es wirklich willst!" – dieser Satz bedeutet, anders formuliert, dass verbindliches Sich-Einlassen dich öffnet für das Empfangen all dessen, was du dir wünschst. Ich habe in Hunderten von Seminaren und Workshops oft genug mit diesem Konzept gearbeitet. In der Regel sind es Angst-, Schuld- und Wertlosigkeitsgefühle, Verlust oder Aufopferung, welche die Menschen davon abhalten, das zu haben, was sie sich wünschen. In all diesen Fällen ist stets eine gewisse Ambivalenz vorhanden: Gäbe es keine Ambivalenz in dir, hättest du bereits deinen wahren Partner gefunden.

Nachdem ich bei Tausenden von Menschen herauszufinden versucht habe, welche Dynamik hier am Werke ist, scheint einer der Hauptgründe, warum wir uns nicht erlauben, alles zu haben – Liebe, Geld, Sex, Erfolg usw., – darin zu liegen, dass es uns unangenehm wäre, so viel zu gewinnen und derart erfolgreich zu sein. Wir haben Angst, uns mit Neid auseinandersetzen zu müssen, und darum geben wir viel zu oft unsere Begabungen und Talente auf. Wir machen uns im wahrsten Sinne des Wortes kleiner, um uns dem Rest der Welt anzupassen.

Allerdings wollen wir, nachdem wir unsere natürlichen Gaben und damit auch unsere Führungsqualitäten und unsere Einzigartigkeit aufgegeben haben, in den Augen der anderen immer noch etwas Besonderes sein. Wir starten einen Wettbewerb, versuchen unsere Partner klein zu halten, damit ihre Größe uns nicht bedrohen kann, und anschließend greifen wir sie an, wenn sie uns nicht speziell genug behandeln.

Wir fordern von anderen die Anerkennung und die Aufmerksamkeit, die wir uns selbst bzw. unseren Partnern nicht zuteil werden lassen, und so geht es immer weiter. Jeder einzelne von uns ist schon in diese Falle getappt.

Man könnte viele Kapitel über das Besonders-Sein-Wollen schreiben. An diesem Punkt soll jedoch die Feststellung genügen, dass uns irrtümlicherweise an unserer Besonderheit mehr liegt als an der Liebe. Besonders-Sein ist eine Schein-Liebe, die weh tut, wenn wir nicht unseren Wünschen entsprechend speziell genug behandelt werden.

Wenn du dir etwas aus vollem Herzen wünschst und deine ganze Geisteskraft darauf ausrichtest, wird natürlicher Erfolg wie von selbst folgen, häufig auf unerwartete Art und Weise. Der Einsatz deiner gesamten Geisteskraft kann das Tor zu Fülle und Überfluss in allen Bereichen deines Lebens öffnen.

Als ich mit meiner Frau noch ohne Trauschein zusammenlebte, dachte sie zu Recht, dass ich Angst davor hätte, mich wirklich einzulassen. Doch auf den Vorschlag eines Freundes hin beschloss sie, „mich zu wählen".

Drei Tage lang kämpfte sie mit ihrer eigenen Angst vor dem Sich-Einlassen, die bis zu jenem Zeitpunkt noch nicht ans Tageslicht getreten war. Nachdem sie die Angst innerlich verbrannt und dadurch aufgelöst hatte, war sie bereit, wirklich ja zu mir zu sagen. Zur gleichen Zeit, als sie sich für mich entschied, machte ich paradoxerweise denselben Prozess durch und war gerade dabei, mich für sie zu entscheiden. Wir lernten, welche Kraft darin steckt, wenn man etwas wirklich will und sich trotz scheinbarer Blockaden dafür entscheidet.

Ich möchte an dieser Stelle sinngemäß einige Worte von Goethe wiedergeben, die wunderbar beschreiben, welche großartige Kraft darin steckt, wenn man etwas aus ganzem Herzen will:

Solange Verbindlichkeit fehlt, herrschen Zaudern und Unschlüssigkeit.
Die Möglichkeit des Rückzugs.
Immer wieder Erfolglosigkeit.
Alle ersten (und schöpferischen) Schritte betreffend
Gibt es eine elementare Wahrheit.
Deren Unkenntnis zahllose Ideen und glanzvolle Pläne zu töten vermag:
Dass in dem Moment, in dem der Mensch sich verbindlich einlässt,
Auch das Göttliche sich bewegt.
Alle möglichen Dinge geschehen, dem Menschen hilfreich beizustehen,
die niemals sonst geschehen wären.
Ein ganzer Strom von Ereignissen entspringt der Entscheidung
Und bringt zu unseren Gunsten
Unvorhersehbare Zwischenfälle, Begegnungen und materielle Hilfe aller Art hervor,
Von denen kein Mensch je geträumt hätte, dass sie seinen Weg kreuzen würden.
Was immer du tun kannst oder tun zu können träumst, beginne es.
In Kühnheit liegen Genialität, Macht und Zauberkraft.
BEGINNE JETZT.

Indem wir uns einlassen, machen wir uns selbst das Geschenk einer Chance.

Übung zum 21. Schritt

In dieser Übung wollen wir das Thema Ambivalenz genauer unter die Lupe nehmen. Beantworte folgende Fragen und schreibe die Antworten bzw. Gedanken, die dir intuitiv in den Sinn kommen, auf ein Blatt Papier.

1. *Was genau hält dich von deinem wahren Partner fern?*
2. *Welche Eigenart hast du, die deine Partner in die Flucht schlägt?*
3. *Wovor hast du Angst?*
4. *Was glaubst du, würdest du verlieren, wenn du einen Partner hättest?*
5. *Wofür gibst du dir derart große Schuld, dass du dir nicht erlaubst, deinen wahren Partner zu finden?*
6. *Aus welchem Grund hast du deinen wahren Partner nicht verdient?*
7. *Wer würde viel zu eifersüchtig sein, wenn du deinen idealen Partner gefunden hättest?*

Ganz gleich, wie deine Antworten lauten, sie sind nicht die Wahrheit! Sie sind gegen dich selbst gerichtete Glaubenssätze, die du dazu benutzt hast, dich selbst aufzuhalten. Du kannst dich dafür entscheiden, diese Glaubenssätze zu ändern. Du kannst sie mit Hilfe deines Höheren Bewusstseins verändern.

Übe dich darin, dir deinen Idealpartner wirklich zu wünschen (nicht ihn zu „brauchen“, sondern ihn zu wollen).

Wenn Gefühle hochkommen, die dieses Wünschen blockieren, dann spüre den Gefühlen so lange nach, bis der Prozess abgeschlossen und ein Gefühl freudiger Erwartung vorhanden ist.

Ich will meinen Partner mehr als die Angst, als das mangelnde Vertrauen oder all die anderen Dinge, die mich blockieren.

21. Schritt

Dein persönlicher Fortschritt auf dem Weg zum idealen Partner

22. Schritt
Machtkämpfe heilen

Machtkämpfe sind der größte Stolperstein für eine sich entfaltende Beziehung. Wenn ein Paar nicht lernt, seine Machtkämpfe zu überwinden, ist es unwahrscheinlich, dass dieses Paar eine erfolgreiche Beziehung haben wird. Viele Menschen haben Angst, das Risiko einer engagierten Beziehung einzugehen, weil sie befürchten, den Kampf bzw. die Leere nicht zu überleben, die durch Wettbewerb verursacht wird, der eine subtile Form von Machtkampf darstellt.

Als ich schließlich im reifen Alter von sechsunddreißig Jahren beschloss, mich auf eine einzige Beziehung als meiner besten Chance zum Glück einzulassen, geschah dies nur, weil ich endlich das Gefühl hatte, genug gelernt und geheilt zu haben, um ohne Kampf und Streit eine gute Aussicht auf Erfolg zu haben. Wenn du die Dynamik von Machtkämpfen verstehst, dann weißt du, was du zu tun hast. Mit Bewusstheit ist bereits die halbe Schlacht geschlagen.

Wenn wir uns auf Machtkämpfe einlassen, machen wir in der Regel den größten Beziehungsfehler. Wir glauben, der andere sei einzig und allein auf dieser Welt, um sich unserer Bedürfnisse anzunehmen. Das bleibt während der Zeit der romantischen Verliebtheit noch verdeckt, kommt aber in der Machtkampf-Phase mit Macht ans Licht, wenn wir darum kämpfen, dass die Dinge auf unsere Art und Weise getan werden, die wir für die einzig „richtige" halten. Wir stellen unserem Partner ein Ultimatum, entweder „du machst es auf meine Weise, oder du kannst bleiben, wo der Pfeffer wächst". Wir kämpfen um die Kontrolle. Wir kämpfen darum, der unabhängigere Partner zu sein. Wir kämpfen darum, dass unsere Bedürfnisse zuerst erfüllt werden, oder auch doppelt, falls unser

Partner nicht schon zu müde ist. Bei einem Machtkampf geht es darum, den Partner dazu zu bringen, dass er unsere Bedürfnisse erfüllt.

Der Grund dafür, dass wir so große Angst haben, etwas nach den Vorstellungen unseres Partners zu tun, liegt darin, dass man uns als Kind verletzt, ja sogar völlig am Boden zerstört hat, als wir genau so handelten, wie unser Partner es jetzt von uns wünscht. Wir schworen uns, dergleichen nie mehr zu tun, damit uns niemals mehr so weh getan werden kann. Dem Wunsch unseres Partners nachzukommen kann uns aufgrund der alten Gefühle vorkommen wie eine Frage auf Leben und Tod.

Es gibt verschiedene Möglichkeiten, diese Problematik aufzulösen, doch eine der einfachsten Methoden besteht im Erkennen, dass es sich bei jedem Wettbewerb, bei jedem Machtkampf um eine Verzögerungstaktik handelt. Sie zögert den nächsten Schritt hinaus, durch den das Problem gelöst und die Bedürfnisse beider Partner geheilt würden. In einem solchen Kampf schaut jeder Beteiligte auf den anderen und erwartet von ihm, dass er Bedürfnisse befriedigt, die am besten durch Vorwärtsgehen erfüllt würden.

Wenn du gewinnst, wenn du deinen Partner schlägst und deine Bedürfnisse erfüllt bekommst, machst du deinen Partner zum Verlierer – und das bedeutet, dass du am Ende den Preis bezahlen wirst, denn wenn dein Partner den Kampf verliert, verliert er entsprechend an Attraktivität, wodurch auch du zum Verlierer wirst. Wenn dein Partner verliert, geht er in die Aufopferung, und es wird sich ein gewisses Maß an Erstarrung in die Beziehung einschleichen, was wiederum bedeutet, dass du zum Verlierer wirst.

Wenn du dich nicht dafür einsetzt, dass ihr beide zu hundert Prozent gewinnt, dann wirst du feststellen, dass du im selben Maß verlierst wie dein Partner. Benutze Machtkämpfe nicht dazu, die Angst zu schützen, die ihr beide empfindet, und euch beide davon abzuhalten, auf die nächste Veränderung im Leben zuzugehen. Sag JA zum Leben, um gemeinsam mit deinem Partner leicht und vollständig vorangehen zu können.

Übung zum 22. Schritt

Überlege genau, mit wem du derzeit kämpfst oder mit wem du in der Vergangenheit einen Kampf ausgetragen hast.

Vor welchem Schritt hattest du Angst?

....

Welches Geschenk bzw. welche neue Ebene war es, von der du dich aus Angst abgewandt hast?

....

Jener Schritt, jenes Geschenk, jene neue Ebene wartet immer noch auf dich. Sei bereit, diese Gabe oder neue Ebene für dich selbst und all jene, die du liebst, entgegenzunehmen. Mit Hilfe der Gnade wird der Schritt, den du gehst, deinem Partner geschenkt.

Mit wem kämpfe ich? ...

Wovor habe ich Angst? ...

Ich verdiene das Beste!

22. Schritt

Dein persönlicher Fortschritt auf dem Weg zum idealen Partner

23. Schritt

Langeweile transformieren

Langeweile bringt Beziehungen zum Stillstand! Die Menschen haben Angst, sich auf eine Beziehung einzulassen, weil sie fürchten, den langsamen und schmerzlichen Tod der Langeweile zu sterben. *Langeweile lässt sich einfach dadurch auflösen, dass man in der Kommunikation und Intimität mit seinem Partner ein emotionales Risiko eingeht!* Solche Risiken lassen neue Ebenen emotionalen und sexuellen Reizes entstehen.

Häufig verbringen wir die ersten Jahre bzw. die erste Zeit einer Beziehung damit, unserem Partner all die Gaben zu schenken, die wir zu geben haben. Aber irgendwann gehen uns die Geschenke aus, und wir haben das Gefühl, bankrott zu sein und mit leeren Händen vor unserem Partner zu stehen. Was wir in der nächsten Beziehungsphase unserem Partner geben können, ist unser Schmerz. Wenn wir den eigenen Schmerz unserem Partner geben mit den Worten: „Ich gebe dir diesen Schmerz, damit er nicht länger zwischen uns steht", so ist dies ein großer Beitrag, der Vertrauen in die Beziehung zeigt und zu größerer Intimität und freudiger Spannung führt.

Wenn wir uns aber zurückhalten, gewöhnlich aus Angst, weil wir auf Nummer Sicher gehen wollen, kommt irgendwann der Punkt, an dem wir uns langweilen.

Die größte Quelle für Langeweile in Beziehungen ist die Aufopferung, die als Liebe maskiert daherkommt. Jeder von uns hat Aufopferung schon mit Liebe verwechselt. Aufopferung sieht nur so aus wie Liebe. Wer sich opfert, gibt zwar, empfängt aber nichts. Liebe ist ein natürlicher Kreislauf von Geben und Empfangen. Geben ohne Empfangen führt zu „Ausgebranntsein" und Stagnation. Empfangen führt zu Geben auf einer völlig neuen Ebene.

Wir gehen in aufopferndes Verhalten, weil wir uns selbst nicht wertschätzen. In solchen Zeiten geringen Selbstwertgefühls glauben wir, das einzige, was wir unserem Partner zu bieten haben, seien Opfer, das Aufgeben unserer eigenen Wünsche und Vorstellungen, unsere Zeit und unser Geld. Uns erscheint Aufopferung, die eine Form der Selbstbestrafung darstellt, als eine der besten Möglichkeiten zur Abzahlung von Schuld. Darum geben wir unser eigenes Selbst auf und benutzen das Selbst des anderen, um uns vorantragen zu lassen; dabei verlieren wir jedoch den Kontakt und die Intimität, die eine Beziehung erst aufregend und freudvoll machen.

Aufopferung ist eine Form passiver Aggression, da Kontaktverweigerung und Rückzug genauso tödlich sind wie Angriff. Wenn wir uns beschweren, dass uns jemand „benutzt" hat, ist es in Wahrheit so, dass wir den anderen dazu benutzt haben, um uns vor dem nächsten Schritt zu drücken.

Aufopferung funktioniert nicht und bringt Beziehungen zum Stocken. Sie ist eine Art Kompromiss oder Anpassung an eine Situation, die der Heilung bzw. Auflösung durch offene und aufrichtige Kommunikation bedarf, ansonsten werden sich beide Partner als Verlierer fühlen.

Übung zum 23. Schritt

1. *Welche Dinge sind es, die du deinen Mitmenschen nicht mitteilst?*

   Ich habe nicht gesagt ....

   Sei bereit, das Risiko einzugehen, über diese Gefühle zu sprechen. Es sind deine Gefühle. Du bist für sie verantwortlich. Sie können sich nur verändern, wenn du sie anderen mitteilst und den Wunsch hast, dich zu heilen. Wenn du versuchst, diese Gefühle zu benutzen, um einen anderen Menschen emotional zu kontrollieren und ihn dahin zu bringen, dass er die Dinge auf deine Art und Weise tut, wird es nicht funktionieren.

   Es kann in einer Beziehung auch vorkommen, dass du es nicht wagst, deinem Partner bestimmte Erfahrungen, Gedanken und Gefühle mitzuteilen, aus Angst, ihn dadurch völlig zu schockieren. Aber genau das macht die Beziehung kaputt, eben weil du diese Dinge zurückhältst, weil du versuchst auf Nummer Sicher zu gehen und dadurch Öde und Leere schaffst. Wenn du zum Beispiel deinem Partner sagst, dass du dich sexuell nicht mehr zu ihm hingezogen fühlst, dann ist dies entweder das Ende der Beziehung oder der Moment, in dem du das Risiko akzeptierst und eine neue Ebene der Kommunikation anstrebst. Es geht darum, Verantwortung für Gefühle des Ärgers und der Erstarrung zu übernehmen, die geheilt werden müssen, wenn du überleben willst bzw. die Beziehung überleben soll. Was wir zurückhalten, sind genau die Themen, die der Lösung bedürfen, damit unsere Beziehungen wachsen können. Wenn wir diese intimen und wichtigen Dinge mitteilen und sie gemeinsam bewältigen, kann eine Beziehung dadurch wieder neuen Reiz erhalten.
2. *Alle Aufopferung beruht auf altem oder momentanem Groll gegenüber einem Menschen, der es dir nicht recht gemacht*

hat. Deine Aufopferung ist ein Versuch zu zeigen, wie er es hätte machen sollen.

Schreibe alle Aufopferungs-Situationen, an die du dich erinnern kannst, von deiner Kindheit bis heute, auf ein Blatt Papier, um auf diese Weise deinem verborgenem Groll auf die Schliche zu kommen.

3. *Durch Aufopferung in der Gegenwart gehst du den Dingen aus dem Weg, denen du dich nicht zu stellen wagst.*

   Ein Beispiel: Für meinen Freund mache ich ständig Dinge, die ich eigentlich gar nicht tun bzw. geben will.

   Gegenwärtiger Groll: Ich fühle mich ausgenutzt.

   Vergangener Groll: Ich gebe meiner Mutter die Schuld. Sie hat mich immer dann als brav bezeichnet, wenn ich Dinge für sie tat, die ich gar nicht tun wollte.

   Die Falle: Ich fürchte, kein Selbstwertgefühl zu besitzen, da ich Angst habe, meine Kreativität einzusetzen.

   Die Entschuldigung, die mir das Ganze bot: Ich benutzte meine Mutter und meinen Freund, um mich nicht mit meiner Kreativität auseinandersetzen zu müssen.

   Die Lösung: Kommunikation, Vergebung, Entscheidung:

   ***Kommunikation:** Lasse jene Menschen wissen, dass du das Gefühl hast, dich für sie aufzuopfern, aber übernimm die Verantwortung dafür und beschuldige sie nicht. Denke daran, dass du diese Menschen durch deine Aufopferung dazu benutzt, dich selbst zurückzuhalten.*

   ***Vergebung:** Vergib allen Beteiligten, denn Vergebung wird euch alle, dich und die anderen Beteiligten, heilen. Bitte dein Höheres Bewusstsein um Hilfe und sage: „Ich vergebe [nenne den Namen der betreffenden Person], damit wir beide frei sein können."*

   ***Entscheidung:** Jene Bereiche, in denen du das Gefühl hast, aus einer Rolle, Pflicht oder Opferhaltung heraus zu handeln, können in reines Geben verwandelt werden,* *indem du dich dafür entscheidest, aus freiem Willen zu geben, und nicht, weil man es von dir erwartet.*

23. Schritt

Dein persönlicher Fortschritt auf dem Weg zum idealen Partner

24. Schritt

Verbindliches Engagement: Das Tor zur Freiheit

Ich möchte mich in diesem Kapitel mit einem Thema befassen, das alleinstehenden, unabhängigen Menschen unvorstellbar erscheinen wird, das aber jedem, der in einer festen und verbindlichen Beziehung lebt, bestens bekannt ist: Verbindliches Sich-Einlassen bringt eine Freiheit, die Wahrheit und Leichtigkeit entstehen lässt.

Unabhängige Menschen befürchten, dass verbindliches Engagement eine Art von Sklaverei sei. Das Schreckgespenst der Aufopferung gehört neben der Angst vor einem gebrochenen Herzen und Eifersucht zu den Hauptgründen, warum Menschen lieber alleine bleiben und sorgsam auf ihre Unabhängigkeit bedacht sind. Bedauerlicherweise jedoch löst Unabhängigkeit die Probleme nicht, sondern verbirgt sie nur.

Wir können in Unabhängigkeit oder in wechselseitiger Abhängigkeit, Interdependenz, leben. Das Ausmaß, in dem wir Unabhängigkeit statt Interdependenz wählen, entspricht dem Maß, in dem uns während unserer Abhängigkeit das Herz gebrochen wurde und wir uns aufopferten. Es entspricht auch dem Ausmaß unserer Angst vor Intimität.

Wenn wir in einer Beziehung unsere natürliche Verbundenheit verlieren, tendieren wir dazu, in Aufopferung oder Fusion abzurutschen, um eine Schein-Intimität herzustellen. Manchmal wartet der Schmerz aus jener alten Aufopferung oder Fusion, bis wir eine neue Beziehung eingehen, um dann erneut ans Tageslicht zu kommen und geheilt zu werden. Sich-Verbinden bzw. natürliche Verbundenheit, Zusammenhalt und Liebe nähren und schützen uns, und wir können wieder in jenen naturgegebenen, freudvollen Zustand eintreten, indem wir die Erstarrung in unseren Beziehungen heilen.

Verbindliches Engagement lässt Freiheit entstehen und führt Beziehungen in die Wahrheit und Leichtigkeit wahrer Partnerschaft. Das Wunderbare daran ist, dass es ausreicht, wenn sich ein Partner für verbindliches Engagement entscheidet, um eine Beziehung auf die nächste Stufe der Partnerschaft zu heben, denn Beziehungen sind immer Teamarbeit, und der Erfolg eines Partners kommt beiden zugute.

Verbindliches Engagement besitzt die Kraft, die größten Beziehungskonflikte zu verändern. Ich möchte dies gleich näher erklären. Direkt nach der anfänglichen Zeit der romantischen Verliebtheit, der Zeit der „Flitterwochen", erreichen wir die erste unangenehme Form des Machtkampfes, die als Schattenstadium bezeichnet wird. Die Beziehung scheint sich auf einmal von Grund auf zu verändern. Unsere Perspektive ändert sich plötzlich, und unser Partner, der uns bis vor kurzem noch als Geschenk des Himmels erschien, wird zum Schreckgespenst aus der Hölle. Unser Partner wird zu unserem größten Alptraum, weil wir unsere größten Ängste auf ihn projizieren. Wir wollen nur noch weg, uns distanzieren.

Das ist der Augenblick, in dem wir glauben, unser Partner habe sich zum Negativen verändert. „Du bist nicht mehr der Mensch, den ich geheiratet habe", beklagen wir uns. Doch in Wahrheit bestrafen wir ihn für die Probleme, die in uns begraben sind, niemals für seine eigenen. Wir bestrafen ihn für Verbrechen, die wir selbst begangen zu haben glauben.

Wenn wir unseren Partner derart negativ erleben, denken wir selten daran, uns auf ihn einzulassen, doch wenn wir uns an diesem Punkt wieder zu ihm bekennen, werden jene furchterregenden, bösartigen Schatten verschwinden, und wir werden einen Schritt in Richtung mehr Partnerschaft vorangekommen sein, da wir die anstehende große Beziehungs-Lektion gelernt haben.

Ein weiterer Zeitpunkt für große Veränderungen scheint der Moment zu sein, wenn ein Paar die „Todeszone" erreicht, nachdem es seine Machtkämpfe hinter sich gebracht hat. Hierbei handelt es sich um eine besonders schwierige Zeit, voller Illusionen und Fallgruben. Liebevolle Gefühle und sexuelle Anziehungskraft scheinen zu verschwinden, und manchmal treten Gefühle der Ablehnung oder des Ekels vor unserem Partner an ihre Stelle. Wenn du dich in dieser Zeit der Dunkelheit für deinen Partner entscheidest, wird sich paradoxerweise nicht nur die Art und Weise, wie du deinen Partner erlebst, sondern auch die Beziehung als solche zum Besseren wenden.

Verbindliches Sich-Einlassen heißt Prioritäten setzen. Da dein Engagement deinen Partner über deine Bedürfnisse und Konflikte stellt, löst es diese auf. Zusammen mit Vertrauen, Vergebung und einer ganzen Reihe weiterer wichtiger Heilungsentscheidungen besitzt Engagement die Kraft, jedes Problem vollkommen zu verwandeln.

Übung zum 24. Schritt

Nimm heute eine neue Haltung in Bezug auf Verbindlichkeit und Engagement an, denn das, was du in einer bestimmten Situation gibst, entscheidet darüber, wie du diese Situation erlebst. Wenn du in einer Beziehung dein Bestes gibst, dann wirst du das Gefühl haben, dass du das Beste bekommst.

Überlege, welche Konflikt-Situationen es in deinem Leben gibt, mit wem du einen Konflikt auszutragen scheinst oder in welchen Situationen du Erstarrung spürst.

Ich scheine mit … einen Konflikt auszutragen.

Triff die Entscheidung, dich diesem Menschen gegenüber bzw. in diese Situation hundertprozentig einzubringen und schaue, was sich verändert. Wieviel du gegeben hast, wirst du daran erkennen, wie sehr deine Beziehung auflebt. Unsere Partner versagen niemals, es sei denn wir hören auf, ihnen etwas zu geben.

Ich entscheide mich dafür, mich voll und ganz auf mein Leben einzulassen, indem ich mich den Menschen und Situationen gegenüber, die mir wichtig sind, zu hundert Prozent einbringe.

24. Schritt

Dein persönlicher Fortschritt auf dem Weg zum idealen Partner

25. Schritt

Die Welt ist das, was du von ihr glaubst

Nichts kann geschehen, ohne dass du davon überzeugt bist. Unsere Überzeugungen bilden eine Matrix, die wir auf die Welt projizieren, und dann sieht es für uns so aus, als würde dies tatsächlich auf der Welt geschehen. Wenn du dein Denken änderst, kannst du im wahrsten Sinne des Wortes die Welt verändern.

Während meiner Arbeit als Psychotherapeut und Eheberater habe ich immer wieder erlebt, wie Menschen durch die Anwendung dieses Prinzips in scheinbar ausweglosen Situationen enorme Veränderungen bewirkt haben. Wenn du verstehst, wie dieses Prinzip funktioniert, brauchst du dich nicht länger zu bemühen, die äußere Situation zurechtzurücken oder zu ändern. Statt dessen brauchst du nur das unterbewusste Überzeugungsmuster zu finden und zu verändern, um den Heilungsprozess zu beschleunigen und die Transformationskraft wieder in deine eigenen Hände zu nehmen. Dieses Prinzip befähigt dich, aus einer der größten Fallen des Lebens herauszukommen, nämlich der Überzeugung, Opfer zu sein.

Nachdem ich dies herausgefunden hatte, erlebte ich mehr als einen entscheidenden Durchbruch und gewann wichtige Erkenntnisse bezüglich meines eigenen Lebens. Die Blockade hinsichtlich meiner Doktorarbeit verschwand in dem Moment, als ich richtig erkannte, dass ich die unterbewusste Hoffnung gehegt hatte, meine geschiedenen Eltern würden beide zur Verleihung der Doktorwürde kommen und dadurch irgendwie wieder zusammenfinden. Mir wurde klar, dass es nicht nur darum gegangen war, eine Doktorarbeit zu schreiben, was an sich schon schwierig genug ist, sondern auch noch um den Versuch, das scheinbar Unmögliche zu vollbringen und meine

Familie wieder zu vereinigen. Plötzlich verstand ich, warum ich ein paar Jahre zuvor beinahe ums Leben gekommen war, und was mich fast dazu gebracht hätte, aus dem Leben zu scheiden. Meine Nah-Todes-Erfahrung war mein letzter verzweifelter, unterbewusster Versuch gewesen, meine Familie durch mein Selbst-Opfer wieder zusammenzubringen, weil ich mich schuldig fühlte für das, was in meiner Familie geschehen war.

Das Aufdecken und Überprüfen unserer Überzeugungen ist einer der einfachsten Wege, ins Unterbewusstsein hineinzugelangen, um es zu verändern. Du kannst in jeder Situation deine Intuition befragen: „Welcher Überzeugung muss ich sein, dass dies geschehen konnte?“ Deine Intuition ist für diesen Zweck wesentlich besser geeignet als dein analytischer Verstand, da sie den Informationen erlaubt, ins Bewusstsein zu kommen. Wenn dich zum Beispiel dein Partner schlecht behandelt hat, dann frage dich: „Welche Überzeugungen muss ich in Bezug auf meinen Partner, in Bezug auf Beziehungen und das andere Geschlecht haben, dass dies geschehen konnte?“

Deine Gefühle entspringen deinen Glaubenssätzen, Gedanken und Wertvorstellungen. Wenn du glaubst, dass das andere Geschlecht dich zurückweisen wird, dann bist du möglicherweise im Umgang mit dem anderen Geschlecht übermäßig befangen, weil du fürchtest, wieder einmal abgewiesen zu werden!

Doch hier kommt die schlechte Nachricht: Es liegt in der Natur der Angst, dass du das, was du fürchtest, bereits empfindest. Wenn du also Angst vor Zurückweisung hast, fühlst du dich bereits zurückgewiesen. Wenn du dich zurückgewiesen fühlst, handelst du wie jemand, den man zurückgewiesen hat, und das führt wiederum zu abweisendem Verhalten.

Ich beobachte immer wieder bestimmte typische Verhaltensweisen, die auf diesem Glaubenssatz beruhen, z. B. dass Menschen sich zu sehr bemühen, dass sie davonlaufen oder so tun, als ginge sie alles nichts an. Das führt in der Regel dazu, dass wir genau dem Gefühl begegnen, vor dem wir am meisten Angst haben, was unsere Überzeugung verstärkt und uns in einem Teufelskreis gefangen hält.

Unzählige Male habe ich dieselbe innere Überzeugung gefunden, die Menschen davon abhält, einen Partner zu finden oder sich eine glückliche Beziehung zu erlauben, nämlich den Gedanken, dass ein Elternteil sie nicht haben wollte.

Diese Überzeugung lässt sich recht leicht verändern. Nachdem ich dieses Thema an mir selbst bearbeitet hatte, entdeckte ich, dass ich Menschen in weniger als einer Stunde dabei unterstützen konnte, durch diese Überzeugung hindurchzugehen.

Einmal arbeitete ich mit einer Frau, deren Mutter versucht hatte, sie mit Hilfe von Stopfnadeln abzutreiben. Als das nicht funktionierte, sprang die Mutter mehrmals von einem Stuhl und trank Gift. Es erübrigt sich zu sagen, dass sich Mutter und Tochter bereits in der Zeit vor der Geburt in einem Machtkampf befanden, der die Geburt zu einer traumatischen Erfahrung für beide Beteiligten werden ließ. Vom ersten Tag an schrie die Mutter ihrer Tochter ins Gesicht, wie sehr sie sie hasste und dass sie sie niemals gewollt hatte. Es handelte sich um ein tief verwurzeltes, gut eingespieltes Verhaltensmuster, doch wir konnten es in weniger als einer Stunde aufklären und haben viel dabei gelacht, was manchmal ebenso heilend wirkt wie Tränen.

Wir begannen mit der Feststellung, dass viele Äußerungen der Mutter dem extremen Machtkampf zuzuschreiben waren, in dem sich Mutter und Tochter befanden. Meine Klientin, die Tochter, konnte dies verstehen, da auch sie in der Hitze des Gefechts Dinge sagte, die sie nicht so meinte.

Meine Klientin erkannte bald mit viel Humor, dass sie im Krieg mit ihrer Mutter die höhere Punktzahl für sich verzeichnen konnte. Mit Wonne erinnerte sie sich an all die schmutzigen Tricks, mit denen sie ihre Mutter erfolgreich hereingelegt hatte. Zum Beispiel hatte sie so laut geschrien, dass jeder im Dorf Bescheid wusste, wenn ihre Mutter sie bestrafte, was manchmal so weit ging, dass der Dorfpfarrer gelaufen kam, um ihr beizustehen.

Es war einfach, meine Klientin intuitiv in die Zeit zurückzuführen, als die Abtreibungsversuche begannen. Ihre Mutter hatte gerade erfahren, dass ihr Mann im Krieg gefallen war. Sie hatte kein Geld.

Ich bat meine Klientin, so schwer es ihr in Anbetracht der wahren Umstände auch fallen mochte, sich ihre Mutter zu jener Zeit voller Vertrauen vorzustellen, mit genügend Geld versorgt und ein erfülltes Leben führend. Als meine Klientin dieses Bild hatte, fragte ich sie, was ihre Mutter wohl hinsichtlich der Schwangerschaft empfinden würde, nun da all diese Dinge vorhanden waren. Meine Klientin lächelte und sagte, dass ihre Mutter sie jetzt wirklich wollte.

Als nächstes bat ich meine Klientin zu überlegen, was wohl die Wahrheit sei, ob ihre Mutter sie persönlich nicht gewollt hatte, oder ob Schmerz, Mangel an Vertrauen und Angst das Verhalten ihrer Mutter bestimmt hatten. Ganz eindeutig handelte es sich nicht um eine persönliche Ablehnung. Daraufhin fragte ich meine Klientin, die ja nun erkennen konnte, dass die Ablehnung ihrer Mutter nicht gegen sie persönlich gerichtet war, ob nicht sie es in Wahrheit gewesen sei, die ihre Mutter die ganze Zeit abgelehnt hatte. Mein einem Lächeln, das den ganzen Raum einnahm, gab die Frau zu, dass sie ihre Mutter abgelehnt und ihr das Leben zur Hölle gemacht hatte.

Ich fragte sie nach dem Grund bzw. welche Absicht sie mit der Überzeugung verfolgt hatte, von ihrer Mutter abgelehnt zu werden. Sie antwortete, dass ihr diese Überzeugung von Anfang an die Erlaubnis zur Unabhängigkeit gegeben hatte und sie dadurch hatte tun können, was sie wollte. Übrigens stelle ich häufig fest, dass dies der Zweck von frühen Kindheitstraumen ist. Durch ihr neues Verständnis konnte diese Frau ihrer Mutter vergeben und eine völlig neue Ebene von Selbstwertgefühlen, Erwünschtheit, Zugehörigkeitsgefühl, Spaß, Zuversicht und Frieden erleben. Die Beziehung zu ihrer Mutter kam umgehend einen riesengroßen Schritt voran, und als sie das nächste Mal mit ihr sprach, schien diese ein völlig neuer Mensch zu sein. Diese Frau war nicht die schwierigste Klientin, mit der ich jemals an einem Trauma dieser Art gearbeitet habe, aber sie gehörte zu den dramatischeren Fällen.

Du kannst beruhigt sein; jeder Mensch mit ein klein wenig Bereitwilligkeit kann erfolgreich durch tief verankerte Überzeugungen wie diese hindurchgehen, hinein in erfüllte und glückliche Beziehungen.

Übung zum 25. Schritt

Überlege heute, in welcher Situation sich deine Beziehung befindet.

Schreibe auf, welche Überzeugungen du haben musst, damit es zur momentanen Situation kommen konnte: ...

Wenn dir die Situation oder die betreffenden Glaubenssätze nicht gefallen, triff eine Entscheidung, die dir einen besseren Dienst erweisen kann. Überzeugungen lassen sich leicht verändern. Sobald dir bewusst wird, dass du Glaubenssätze hast, triff eine neue Wahl.

Ich treffe neue Entscheidungen: ...

25. Schritt

Dein persönlicher Fortschritt auf dem Weg zum idealen Partner

26. Schritt

Was ist dir lieber, deine Beziehung oder deine Geschichte?

Deine Persönlichkeit hat über viele Jahre hinweg deine Lebensgeschichte zusammengebastelt. Solche Lebensgeschichten sind in der Regel angefüllt mit fein säuberlich aneinandergereihten schmerzlichen und heldenhaften Episoden, die allesamt beweisen sollen, was für ein guter Mensch du bist.

Bei allem, was du unbedingt beweisen willst, kannst du davon ausgehen, dass du innerlich vom Gegenteil überzeugt bist. Wenn ich versuchen würde, dich davon zu überzeugen, was für ein kluges Kerlchen ich bin, würdest du schon sehr bald Verdacht schöpfen und annehmen, dass ich entweder sehr unsicher in Bezug auf meine Intelligenz bin oder aber kein Fünkchen Intelligenz besitze. Die von uns handelnden Geschichten und Selbst-Konzepte sind die ursprünglichsten Aspekte unserer selbst, welche die Freude einschränken und all unsere Aufopferungs-Muster, Familien- und Beziehungsprobleme erzeugen.

Darum wollen wir nun einige Konzepte näher betrachten, die unseren Geschichten zugrunde liegen.

Eine mögliche Version unserer Geschichte ist die folgende: „Ich bin so, wie ich bin, weil mir das von anderen angetan wurde.“ Wesentlich ehrlicher wäre es zu sagen: „Ich habe andere benutzt – habe dafür gesorgt, dass sie mir Dinge antaten, damit ich mich meiner Angst vor dem nächsten Schritt nicht zu stellen brauchte und eine Entschuldigung hatte, die Dinge auf meine Art zu tun“, doch dafür müssten uns unsere unterbewussten Beweggründe wahrhaftig bewusst sein.

Bei dieser Aussage handelt es sich um eine fundamentale Dynamik, auf die ich bei meiner Arbeit mit Tausenden von

Menschen gestoßen bin, die sexuelle Belästigung erlebt haben. Die meisten von ihnen waren schon als Kind in ihrer sexuellen Entwicklung sehr weit. Aus Angst, was wohl aus ihnen werden würde, wenn ihre sexuelle Entwicklung so weiterginge, schufen sie ein Trauma, das sie dann blockierte. Auf diese Art und Weise konnten sie ihre Neugier befriedigen, ohne dafür verantwortlich zu sein. Es handelt sich hierbei zwar nicht um die einzige Dynamik, die bei sexueller Belästigung zum Tragen kommt, bei den Menschen, mit denen ich auf unterbewusster Ebene gearbeitet habe, war es jedoch die häufigste.

Unsere Lebensgeschichten setzen sich größtenteils aus Opfer- und Märtyrergeschichten zusammen. Unser Leid ist eine verschleierte Form des Angriffs, denn dadurch haben wir die Möglichkeit, unschuldig zu erscheinen, während wir andere angreifen. An diesen Bereich ist relativ schwer heranzukommen, da wir in der Regel all diese Dinge vor unserem bewussten Verstand verborgen halten. Wir sind die Heldinnen und die Helden, doch das Problem besteht darin, dass wir nicht in den Genuss der natürlichen Belohnung für all unsere guten, heroischen Taten kommen, die Belohnung geht an unsere Geschichte, den Film unseres Lebens.

In unseren Filmen sind wir Filmstar, Regisseur, Produzent, Drehbuchautor und Kameramann in einer Person, und alle anderen Menschen beziehen wir als Schauspieler und Statisten mit ein, damit unsere eigene Rolle besser zur Geltung kommt. Aber alle anderen Menschen machen es genauso. Das ist der Grund, weshalb wir in unseren Beziehungen Schwierigkeiten bekommen, denn in den Filmen der anderen sind wir für die Nebenrolle vorgesehen.

Manche Menschen schreiben ihr Drehbuch als tragisches Epos. Es kostet viel Mühe und Einsicht, wenn wir unsere persönlichen Geschichten überwinden wollen. Zunächst einmal müssen wir unsere Geschichte in eine glückliche Geschichte umwandeln, was für die meisten von uns eine große Herausforderung darstellt. Nachdem ich jahrelang Menschen dabei unterstützt habe, Zehntausende von Verhaltensmustern und emotionalen Mustern aufzulösen und die angehäuften Trümmer von noch viel mehr Problemen zu entsorgen, habe ich gelernt, dass ich mich auf die Geschichte konzentrieren muß, welche die Menschen schreiben, und dass ich ihnen helfen muss zu erkennen, dass der Lohn, den sie dafür bekommen, definitiv nicht der Mühe wert ist.

Übung zum 26. Schritt

Nimm dir nun die Zeit, deine eigene Geschichte näher zu betrachten, die Geschichte, die du in deinem Leben schreibst, insbesondere jene Kapitel, die von Beziehungen handeln.

Nimm dir zehn Minuten Zeit, um mindestens eine Seite mit deiner Beziehungsgeschichte zu füllen, sie einem Freund zu erzählen oder auf Band zu sprechen.

Meine Geschichte: ....

Finde heraus, welche Schlüssel-Muster immer wieder auftauchen oder sich wie ein roter Faden durch deine Geschichte ziehen.

Meine Schlüssel-Muster lauten: ...

Was versuchst du mit deiner Geschichte zu beweisen? ...

Welchen Sinn und Zweck könnte diese Art von Geschichte für dich haben? ...

Wenn dir das, was du herausgefunden hast, nicht gefällt, dann triff einige neue Entscheidungen in Bezug auf das, was du dir wünschst.

Ganz gleich, wie gut deine Geschichte auch sein mag, du hast etwas Besseres verdient.

Ich übergebe meine Geschichte meinem Höheren Bewusstsein.

26. Schritt

Dein persönlicher Fortschritt auf dem Weg zum idealen Partner

27. Schritt

Die Gnade der Intimität

Die Angst vor Intimität gehört mit zu den größten Ängsten in unserem Leben. Intimität bedeutet, sich mit dem anderen zu verbinden – durch all deine Blockaden, Bedenken und Ängste hindurchzugehen, hin zu einer Nähe, die von Herzen kommt.

Letztlich lassen sich alle Emotionen auf zwei Grundgefühle reduzieren, nämlich Liebe und Angst.

Liebe ist die Wurzel aller positiven Emotionen. Freude und Glück beruhen auf Liebe, wogegen die Angst allen negativen Emotionen wie Ärger, Hass oder Depressionen zugrunde liegt.

Vor vielen Jahren entdeckten meine Frau und ich, dass unsere Blockaden und Probleme genau dort lagen, wo wir uns noch nicht in Intimität verbunden hatten. Als wir dies nachholten, verschwanden die Probleme zwischen uns und um uns herum. Wir begannen, diese kraftvolle Lektion mit ausgezeichneten Ergebnissen auf die Probleme unserer Familie und unserer Freunde anzuwenden.

Wir wollen nun betrachten, wie das Problem des Fremdgehens mit dem Thema Intimität und unserem Unterbewusstsein zusammenhängt. Es gibt im Zusammenhang mit Untreue drei zentrale, unterbewusste Faktoren, deren Dynamik bei beiden Parteien zum Tragen kommen kann.

1. Angst: Beide Partner haben Angst vor Nähe. Das Fremdgehen bietet eine willkommene Entschuldigung, um sich nicht auf größere Nähe einlassen zu müssen, um zu verhindern, dass der Partner zu wichtig wird, oder um die Beziehung beenden zu können.
2. Machtkampf: Hierbei handelt es sich um eine andere Form von Angst. Diese Art von Kampf kann dem scheinbaren Opfer dazu dienen, in die Unabhängigkeit zu gehen, und der

fremdgehende Partner kann den Seitensprung dazu benutzen, sich zu rächen oder die Kontrolle an sich zu ziehen.

3. Mangelnde Verbundenheit und Erfüllung: Führt zu Phantasievorstellungen, Leere und schließlich zur Untreue.

Intimität, das heißt Liebe in ihrer manifestierten Form, besitzt die Kraft und die Gnade, alle Probleme zu heilen, denn der Schlüssel zur Lösung aller Probleme liegt in einem stets vorhandenen Aspekt der Trennung. Wenn wir zum Beispiel krank werden, gibt es einen Teil von uns, der sich abgeschnitten und ungeliebt fühlt. Wenn wir jenen Teil finden und integrieren können, verschwindet die Krankheit. Die Kraft der Intimität und der Liebe ermöglicht das Erscheinen einer Gnade, welche alle Probleme mit Leichtigkeit transformiert.

Intimität scheint alles zu sein, was wir uns jemals gewünscht haben, doch wir haben Angst vor unseren eigenen Unzulänglichkeits- und Wertlosigkeitsgefühlen, oder wir haben Angst, uns selbst zu verlieren, wenn wir uns mit dem anderen verbinden.

Intimität hat nichts mit romantischer Verliebtheit zu tun, die auf unseren Traumvorstellungen vom anderen beruht; Intimität bedeutet, Herz, Geist und Energie wirklich zu öffnen und mit dem anderen in einer Weise zu teilen, dass wir vertrauensvoll vorankommen. Wenn wir bereit sind, den nächsten Schritt in Richtung Intimität zu gehen, so hat dies dieselbe Wirkung wie ein Ja zum Leben. Wir kommen voran, wir wachsen.

Eine Technik, die mehr Intimität möglich macht, besteht darin, dass du einfach deinem Partner ohne zu urteilen begegnest bzw. auf ihn zugehst, bis du Gemeinsamkeit und „Verbundenheit" spürst. Wenn du dich in Liebe mit deinem Partner verbindest, scheinen Probleme und ihre Symptome zu verschwinden, und es erscheint eine neue Gnade und neues Vertrauen.

Meiner Erfahrung nach ist die Nähe des „Sich-Verbindens" ein effektiver Weg zur Heilung. Wenn ich ein Problem habe und mein Partner nicht, oder wenn mein Partner ein Problem hat und ich nicht, oder wenn wir beide ein Problem haben, dann wird dadurch, dass wir uns beide miteinander „verbinden", das Problem auf eine völlig neue Erfahrungsebene gehoben.

Wenn auf diese Weise ein Problem nach dem anderen in deiner Beziehung auftaucht und geheilt wird, werden deine Freude und deine Fähigkeit zu geben und zu empfangen, wachsen. Durch Bewusstheit und regelmäßige Übung wirst du Trennungstendenzen bereits im Kern erkennen und kannst dich mit deinem Partner auf einer neuen Ebene der Liebe und Nähe verbinden.

Übung zum 27. Schritt

Überlege heute, mit welchem Menschen du dich verbinden könntest, um ihm, dir oder euch beiden dadurch zu helfen. Höre nicht eher damit auf, bis du die Erleichterung spüren kannst, die durch Intimität entsteht.

Gehe weiter auf jenen Menschen zu, bis du dich mit ihm verbunden hast und Freude und Frieden fühlst.

Übe dies, sooft du kannst, denn es wird dir die Fähigkeit geben, in deiner Beziehung voranzugehen, egal welchen Problemen du dich gegenüber siehst.

Ich habe mich mit .... verbunden.

Ich habe dabei folgende Erfahrung gemacht:

....

Ich habe daraus Folgendes gelernt: ....

27. Schritt

Dein persönlicher Fortschritt auf dem Weg zum idealen Partner

28. Schritt

Spüre die Freude

Die meisten Menschen glauben, wenn sie erst den richtigen Partner gefunden haben, werden sie von Freude erfüllt sein. In Wahrheit ist es genau umgekehrt. Dein Partner kommt deines Weges, weil in dir eine gewisse Energie und Freude aufzusteigen beginnt, die enorm attraktiv auf andere wirkt und deinen Idealpartner anzieht.

Je mehr du die Freude spürst, desto schöner wirst du. Es ist genau wie im Frühling, wenn alles zu blühen beginnt und die Bienen von allein herbeisummen.

So vieles würde einfach zu uns kommen, wenn wir uns zuerst für die Freude entscheiden und sie in unser Leben einlassen würden. Wenn du voller Freude bist, hast du bereits das Ziel einer Beziehung erreicht.

Die Entscheidung zugunsten der Freude anstatt unserer Geschichte ist eine Wahl, die wir jederzeit treffen können. Es handelt sich um eine Entscheidung für die Liebe anstelle der Angst. Auf einer unterbewussten Ebene hat jedes unserer Probleme den Zweck, etwas hervorzubringen, was uns Freude beschert. Doch manche unserer Entscheidungen sind schwere Fehler und bringen uns vieles, was mit Freude ganz und gar nichts zu tun hat.

Wenn du glaubst, es sei Aufgabe deines Partners, dich glücklich zu machen, dann setzt du ihn unangemessen unter Druck. Deinem Partner kann es niemals gelingen, dich glücklich zu *machen*, da Erwartungen und Forderungen von Natur aus genau das Gegenteil bewirken. Stelle keine Forderungen, habe keine Erwartungen. Gib statt dessen alles, was du geben kannst, und liebe den anderen, so sehr du kannst, vor allem in jenen Bereichen, wo du einen Wunsch an deinen Partner hast, denn das wird Freude und Empfangen in deiner Beziehung entstehen lassen. Deine Freude ist das schönste Geschenk, das du deinem Partner machen kannst. Ein unwiderstehliches Geschenk.

Übung zum 28. Schritt

Wenn du heute etwas anderes als Freude empfindest, dann sage dir: „Statt dieses Gefühls könnte ich Freude empfinden."

Entscheide dich gleich beim Aufstehen und danach stündlich für die Freude. Wenn du feststellst, dass du in etwas verstrickt bist, das dir nicht gefällt, dann:

1. *Gestehe dir ein, dass es dir nicht gefällt.*
2. *Erkenne, dass es letztlich nicht die Wahrheit ist, da es sich nicht um Freude handelt.*
3. *Lasse alles los, was du möglicherweise als Gewinn aus deinen negativen Gefühlen ziehst.*
4. *Übergib das, was dir nicht gefällt, deinem Höheren Bewusstsein und entscheide dich erneut für die Freude.*

Dies ist das schönste Geschenk, das du deinem Partner, deinen Eltern, deinen Kindern, der Welt und Gott machen kannst. Alles andere ist in Wirklichkeit eigentlich nur eine Form von Rache.

Ich entscheide mich dafür, in jedem Moment meines Lebens Freude zu empfinden!

28. Schritt

Dein persönlicher Fortschritt auf dem Weg zum idealen Partner

29. Schritt

Versuchungen – Gib dich niemals mit Ersatz zufrieden

Jahrelang ist mir immer wieder aufgefallen, dass manche Frauen meine Seminare in der Hoffnung besuchen, dort einen Partner zu finden. Häufig sind diese Frauen aufgeblüht vor Glück, doch als ich das nächste Mal in ihr Land kam, waren sie erneut deprimiert und mutlos. Eines Tages beschloss ich dann, mir genauer anzuschauen, was es damit auf sich hat.

Ich fand heraus, dass die betreffenden Frauen innerhalb von vierzehn Tagen ihren Idealpartner gefunden hatten – an der Sache war nur ein Haken: Der neue Partner war nämlich verheiratet oder lebte in einer festen Beziehung. Handelte es sich dabei um einen unglücklichen Zufall, um negatives Karma oder steckte noch etwas anderes dahinter? Nach sechs Monaten wusste ich die Antwort.

Wenn du weit offen bist vor Freude, hat dein Ego nicht mehr viel in der Hand, um dich bremsen zu können, und darum stellt es dir eine letzte Falle. Bald darauf kommt scheinbar Mr oder Mrs Hundert-Prozent des Weges. In Wahrheit handelt es sich dabei jedoch nur um Mr oder Mrs Fünfundachtzig-Prozent, denn der scheinbare Idealpartner hat eine feste Beziehung. Wer jedoch lange Zeit niemanden gehabt hat, den er lieben durfte bzw. von dem er geliebt wurde, für den ist diese Versuchung unwiderstehlich, und er tappt in die Falle einer Dreiecksbeziehung. Hierbei handelt es sich um eine ganz schreckliche Falle, da sie Schuldgefühle verursacht und das Glücklichsein hinauszögert.

Für gewöhnlich ist es dann so, dass ein solcher weit offener Mensch sich für Mr bzw. Mrs Fünfundachtzig-Prozent entscheidet und dadurch Mr oder Mrs Hundert-Prozent total verpasst, weil er vollkommen mit seiner Dreiecksbeziehung beschäftigt ist. Manchmal sehen diese Menschen zwar ihre Hundert-Prozent-Chance, erkennen aber ihre Bedeutung nicht, weil sie bereits in der Falle stecken.

Wenn ich heutzutage eine Frau mit jenem typisch verträumten Blick einen Workshop verlassen sehe, gebe ich ihr meinen wertvollsten Rat: Wenn sie Mr Fünfundachtzig-Prozent begegnet, soll sie die Verbundenheit und die Freundschaft genießen, sich aber keinesfalls in ihn verlieben, denn Mr Hundert-Prozent wartet schon in den Startlöchern auf sie oder ist bereits unterwegs zu ihr. Es ist wichtig, dass man sich nicht mit weniger zufrieden gibt. Wenn diese Frauen meinen Rat befolgen, werden sie ihren Freundeskreis erweitern und über kurz oder lang auch einen Partner finden. Gib dich nicht mit weniger zufrieden!

Akzeptiere niemals einen Ersatz. Alle Beteiligten werden mehr gewinnen, wenn du mehr gewinnst. Bleibe offen, um alles haben zu können. Das ist es, was du verdienst.

Übung zum 29. Schritt

Sage dir heute den ganzen Tag, dass du eine hundertprozentige Beziehung haben kannst. Genieße deine neuen Verbindungen zu anderen Menschen.

Vertraue dir selbst und vertraue dem Prozess.

Wenn du voll Vertrauen und Freude mit offenen Händen dastehst, wird deine Anziehungskraft um so mehr wachsen. Wenn Mr bzw. Mrs Fünfundachtzig-Prozent auftaucht, so ist dies in der Regel ein Zeichen dafür, dass Mr oder Mrs Hundert-Prozent ihm auf den Fersen folgt.

Ich habe ein Recht auf die für mich hundertprozentig ideale Beziehung.

29. Schritt

Dein persönlicher Fortschritt auf dem Weg
zum idealen Partner

30. Schritt

Beziehungen als Weg

Beziehungen sind der schnellste Weg zu persönlichem Wachstum. Ein Wachstum, das ansonsten einen jahrhundertelangen Kampf gegen Versuchungen oder jahrzehntelanges Meditieren erfordern würde, wird auf dem Heilungsweg der Beziehungen in wesentlich kürzerer Zeit möglich.

Alles, was zwischen dir und deiner Ganzheit, der Realisierung des Einsseins, steht, wird in deiner Beziehung ans Licht kommen. Jede unbereinigte Angelegenheit, und sei sie noch so klein, die zwischen dir und deiner Familie, ehemaligen Partnern oder Freunden steht, wird im Hier und Jetzt deiner Beziehungen als Problem getarnt wieder auftauchen.

Eigentlich handelt es sich hierbei um eine gute Nachricht, denn es sind genau diese inneren Blockaden, die uns aufhalten. Es mag zwar nicht gerade angenehm sein, sich diesem alten Schmerz in neuer Verkleidung zu stellen, wenn du es aber mit der richtigen Einstellung tust, wird daraus immer wieder ein Weg, auf dem du heil werden und vorwärtsgehen kannst. Sobald du dich wirklich zu deinem Partner bekennst und ihn mehr liebst als deine eigene Geschichte, kann deine Liebe die Zeit anhalten und die Ewigkeit beginnen lassen.

Die Unterstützung einer liebevollen Beziehung erlaubt dir, dich den tiefsten Schichten des Schmerzes erfolgreich zu stellen, und wenn du die richtige Haltung einnimmst, wirst du bald erkennen, dass es sich um einen Heilungsprozess handelt, der dich reifer werden lässt. Und du wirst schnell lernen, dass dein Partner nicht dein Feind ist.

Sobald du dein Bedürfnis nach Besonderheit aufgibst, wird Liebe für dich möglich, und du kannst lernen, auf eine Weise sanftmütig zu sein, die wahre Sicherheit bietet und ein „Sich-

Verbinden“ erlaubt, das Wunder möglich macht. Sobald du aufhörst, deinen Partner wegen deiner oder seiner Bedürfnisse anzugreifen oder ihn für dein Verhalten zu tadeln (das tun wir nämlich ständig), hast du die Möglichkeit, einen großen Sprung nach vorne zu machen, Blockaden zur Seite zu fegen und auf eine zeitüberschreitende Art und Weise Lösungen zu finden.

Eine Beziehung lehrt dich zu empfangen, was für dein eigenes persönliches Wachstum entscheidend ist, und sie lehrt dich, ein guter Partner zu sein, was wiederum für dein geistiges, emotionales und spirituelles Wachstum von entscheidender Bedeutung ist.

Wenn du dich mit deinem Lebensgefährten in Partnerschaft verbindest, lernst du, das Höhere Bewusstsein zu deinem Partner zu machen und der Kraft der Gnade Eintritt in dein Leben zu gewähren, anstatt alles selbst „tun“ zu müssen. Das „Selbermachen“ hält dich in einer Art von Unabhängigkeit gefangen, die jede Beziehung zum Kampf werden läßt. „Selbermachen“ kann heißen, dass das Betreffende erledigt wird, möglicherweise aber auch nicht. Die Dinge jedoch mit Hilfe der Gnade deines Höheren Bewusstseins zu tun, bedeutet, sie mit Leichtigkeit geschehen zu lassen.

Die Wahrheit ist die, dass es wesentlich leichter ist, den richtigen Partner zu finden, als ihn zu behalten! Wenn du deinen Idealpartner gefunden hast, fängt das große Liebes- und Bewusstheits-Abenteuer erst an.

Entscheide dich jetzt dafür, deinen Idealpartner zu finden und zu behalten.

Entscheide dich jetzt dafür, all die Lektionen zu lernen, die du lernen musst, damit sich deine Beziehung kontinuierlich voll Anmut entfalten kann.

Entscheide dich jetzt dafür, Experte für all jene Dinge zu werden, die das Leben und die Liebe fördern: Intimität, Kommunikation, Vergebung, Vertrauen, Geben und Empfangen, verbindliches Engagement und Loslassen.

Triff die Wahl, dich ganz auf deinen Partner einzulassen und zu ihm zu stehen, um eure Ganzheit zu realisieren, statt eure Beziehung zum Schlachtfeld von Besonders-Sein-Wollen und Bedürfnissen zu machen.

Triff jetzt die Wahl, eine Beziehung zu deinem Höheren Bewusstsein zu entwickeln, denn dadurch wirst du wie von selbst zu Offenheit, Partnerschaft und einem Leben in Gnade geführt werden.

Übung zum 30. Schritt

Konzentriere dich darauf, Experte für den Beziehungsweg zu werden, damit deine Liebe Wunder wirken kann.

Entscheide dich für den Beziehungsweg, um deine eigene Heilung und dein Wachstum zu beschleunigen.

Wünsche dir, dass dein Idealpartner auf deinem Heilungsweg zu dir kommen und ein Teil desselben sein möge.

Das große Abenteuer hat gerade erst begonnen. Ich hoffe, du entscheidest dich für eine harmonische Reise ohne Turbulenzen. Und möge deine Geschichte eine glückliche Geschichte sein!

Ich bin entschlossen, meinen Idealpartner zu finden und mit ihm ein liebevolles und erfülltes Leben zu führen!

30. Schritt

Dein persönlicher Fortschritt auf dem Weg zum idealen Partner

Zusätzliche Übungen

Mache die folgenden Zusatzübungen eine Woche, nachdem du das Buch vollständig durchgearbeitet hast:

Überlege, welche beiden Lektionen für dich am wichtigsten waren, und arbeite sie nochmals durch, indem du dir pro Tag eine Lektion vornimmst. Am dritten Tag schreibe die Zahlen von eins bis dreißig jeweils auf ein kleines Stück Papier und gib diese Zettel in eine Schüssel. Ziehe dann fünf Zahlen und arbeite die zugehörigen fünf Kapitel, eines pro Tag, an den folgenden fünf Tagen nochmals durch.

Einen Monat später mache dann folgende Übungen:

Ziehe wie oben fünf Zahlen aus einer Schüssel und beschäftige dich erneut mit den betreffenden Kapiteln.

Beantworte dann folgende Fragen:

Was will ich wirklich? …

Wofür entscheide ich mich immer wieder? …

Wenn du nicht das hast, was du möchtest, ist jetzt der richtige Zeitpunkt gekommen, um eine neue Wahl zu treffen.

Du selbst kannst dir geben, was du dir wünschst.

Du kannst alles haben, was du dir wünschst.

Du verdienst deinen Idealpartner. Er hat in seinem Leben Ähnliches erlebt wie du und dabei ziemlich ähnliche Erfahrungen gemacht. Die Geschichte war eine andere, doch die Erfahrungen und Gefühle waren ähnlich. Wenn du die Hoffnung verlierst, bedeutet dies, dass dein Idealpartner ebenfalls die Hoffnung verliert.

Was möchtest du wirklich? Alles, was es dazu braucht, ist Bereitschaft … und Liebe.

Nachwort

Dieses Kapitel solltest du erst *einen Monat und eine Woche* nach dem vollständigen Durcharbeiten dieses Buches lesen. Es geht darum, deinen momentanen Standpunkt und deine Gefühle in Bezug auf den Prozess, deinen Idealpartner zu finden, zu überprüfen.

Frage dich zuallererst aufrichtig und intuitiv, zu welchem Prozentsatz zwischen null und hundert du dich tatsächlich offen für die Begegnung mit deinem Idealpartner fühlst.

Wenn die Antwort unter hundert Prozent liegt, stelle dir folgende Fragen und beantworte sie schriftlich.

1. Was ist mir mehr wert als mein Idealpartner?
2. Was hält mich von meinem Idealpartner fern?
3. Was befürchte ich durch meinen Idealpartner zu verlieren?
4. Welches Ereignis der Vergangenheit, das mich jetzt zurückhält, habe ich nicht verziehen?
5. Mache oder unterlasse ich irgendetwas, das meinen Partner davon abhält, zu mir zu kommen? Gibt es in meiner Einstellung irgendetwas, vor dem ich die Flucht ergreifen würde, wenn ich mir selbst als potentiellem Partner begegnete? Was immer es ist – lass es los.
6. Kann ich mir irgendetwas vorstellen, das ich bzw. mein Idealpartner „tun muss“, um einen Partner zu haben? Jedes Mal, wenn wir „muss, müßte, soll, sollte, brauche oder bräuchte“ sagen, erzeugen wir sogar gegenüber den Dingen Widerstand, von denen wir behaupten, dass wir sie uns wünschen. Wenn wir uns hingegen frei für etwas entscheiden, anstatt es zu erwarten, tun sich alle Möglichkeiten auf.

Wie sieht meine Einstellung gegenüber meinem Idealpartner aus? Was erwarte ich? …

Ganz gleich, wie deine Erfahrungen aussehen, du kannst dich für deinen Idealpartner entscheiden. Ganz gleich, welche

Erfahrungen du machst, welche Einstellung du hast, entscheide dich jetzt für deinen Idealpartner, es sei denn etwas anderes ist dir wichtiger. Denke stets daran, wenn wir darauf warten wollten, bis wir hundertprozentig bereit für eine Beziehung sind, dann hätten die wenigsten von uns einen Partner.

Seminare mit Lency…
aus Buch „Glücklichsein…“ Seite 146 entnehmen

Lebensprinzipien aus dem Buch

„Wenn es verletzt, ist es keine Liebe"

von Chuck Spezzano

Zwischenmenschliche Nähe vermag alles zu heilen.

Jedes Verhalten, das nicht Liebe zum Ausdruck bringt, ist ein Schrei nach Liebe.

Der andere, zu dem eine Beziehung besteht, gehört zu dir, zu deiner Mannschaft.

Verbindende Nähe neu zu erschaffen bedeutet Liebe, Vergebung und Glückseligkeit.

In jedem Konflikt arbeiten die Beteiligten gegeneinander, fühlen aber ein und dasselbe.

Es ist nicht die Wahrheit, wenn nicht beide Seiten Erfolg haben.

Deine Beziehung ist der schnellste Weg zu Wachstum und Entwicklung.

Um eine Auseinandersetzung beizulegen, verändere sie in deinem Inneren.

Je länger du dich festklammerst, um so mehr verlierst du.

Die meisten negativen Empfindungen haben nichts mit der Gegenwart zu tun.

Dein Glücklichsein ist das schönste Geschenk, das du der Welt machen kannst.

Liebe hält die Zeit an und lässt die Ewigkeit beginnen.

Zu lieben heißt, alles zu geben und sich an nichts zu klammern.

Mit uns selbst ehrlich umzugehen heißt, auch mit anderen kein falsches Spiel treiben zu können.

Die größte Kunst liegt darin, du selbst zu sein.

Deine Beziehung wird sich ändern, wenn du dich änderst.

Das Ausmaß deiner Offenheit bestimmt das Maß, in dem du inspirierend auf andere wirkst.

Du bist verantwortlich für deine eigenen Gefühle.

Wenn du das Beste von deiner Beziehung willst, gib der Beziehung dein Bestes.

Das Glücksgefühl, das aus dem Inneren kommt, kann nicht verlorengehen.

Es ist unmöglich, im gegenwärtigen Augenblick Furcht zu empfinden.

Mit Vertrauen lässt sich altes Herzeleid beheben.

Jede Beziehung spiegelt dir, wie du mit dir selbst umgehst.

Eine erstarrte Beziehung kann durch Geben geheilt werden.

Vergib, wenn du ein Bedürfnis erfüllt haben möchtest.

Wir befinden uns immer an der geeignetsten Stelle, um die Lektion zu lernen, die wir am nötigsten lernen müssen.

Dein Verhältnis zum Glück entspricht in Wahrheit deinem Verhältnis zu dir selbst.

Liebe begegnet dir überall und zu jeder Zeit.

Wenn du dich nicht dort annimmst, wo du gerade bist, kannst du nicht weiterkommen.

Was immer an Fülle und Reichtum du dir zu empfangen erlaubst, damit beschenkst du auch deinen Partner.

Gott spricht zu uns durch andere: „Wenn du mich in dieser Gestalt lieben kannst, dann kannst du den Weg zum Himmel gehen."

Weitere Bücher aus dem Verlag Via Nova:

Wenn es verletzt, ist es keine Liebe

Chuck Spezzano

416 Seiten, gebunden – **5. Auflage** – ISBN 3-928632-20-5

Dieses Buch verändert Ihr Leben. Ein Wissender zeigt den Weg, wie Sie ein Leben führen können, das erfüllt ist von Liebe und Verstehen, von Freude und Glück. Sie erfahren in 366 Kapiteln wichtige Lebensgrundsätze, die Ihre zwischenmenschlichen Beziehungen auf eine höhere Ebene heben.
Die Weisheit der Liebe, die der Verfasser in jahrzehntelanger Forschungsarbeit als Psychotherapeut, als weltweit bekannter Seminarleiter, als visionärer Lebenslehrer entdeckt und in klare Weisungen umgesetzt hat, verwandelt Sie und berührt Ihr wahres Wesen, das Liebe ist.
Durch die angebotenen Übungen, die das theoretisch Erkannte auch in den praktischen Alltag umsetzen, wird das Buch zu einem Wegbegleiter und Ratgeber in bedrängenden Beziehungsnöten. Wenn Sie Schritt für Schritt in die wichtigsten Grundprinzipien der Liebe eingeführt werden, reifen Sie in Ihrer Selbsterkenntnis, können Ihre Beziehungen in Partnerschaft und Freundschaft neu ordnen, vertiefen und intensivieren. Sie können die Ursachen für Ihre Schwierigkeiten in der Liebe erkennen, Blockaden auflösen und seelische Wunden heilen lassen.

Karten der Erkenntnis

auf dem Weg nach innen

Das Buch der Erkenntnis

Chuck Spezzano

48 künstlerisch gestaltete Karten, Buch: 144 Seiten, **3. Aufl.,**
ISBN 3-928632-32-9

Wollen Sie mehr Selbsterkenntnis gewinnen, persönliche Ziele und verborgene Wünsche erkennen, die Beziehungen im Privat- und Berufsleben verbessern, Ursachen für Probleme herausfinden und auflösen, Hindernisse auf dem Weg nach innen beseitigen? Dann sind die Karten der Erkenntnis und deren Erklärung eine große Hilfe. Sie sind einfach zu benutzen, hilfreich und inspirirend. Ganz gleich, ob Sie „sofortige Antworten" auf alltägliche Fragen oder langfristige Lösungen für die großen Herausforderungen des Lebens suchen, es wird Ihnen und Ihren Freunden helfen, positive Entscheidungen zu fällen und Veränderungen für eine bessere Zukunft herbeizuführen. Im beiliegenden Buch der Erkenntnis findet der Leser den Schlüssel zum Verständnis und zur Verwendung der Erkenntnis-Karten.

Transpersonale Psychologie und Psychotherapie

Paperback, 104 Seiten, zwei Ausgaben: Frühjahr und Herbst
ISSN 0949-3174

Transpersonale Psychologie und Psychotherapie ist eine unabhängige Zeitschrift. Sie verbindet das Wissen spiritueller Wege und der Philosophia perennis mit moderner Psychologie und Psychotherapie, leistet Beiträge zur wissenschaftlichen Fundierung des Transpersonalen.
Transpersonale Psychologie und Psychotherapie ist eine Zeitschrift, die sich an Fachleute und Laien wendet mit einem Interesse an transpersonalen Themen. Aus einem schulen-, kultur- und religionsübergreifenden Verständnis heraus bietet sie ein Forum der Verbindung von Psychologie und Psychotherapie und deren theoretischen Grundlagen mit spirituellen und transpersonalen Phänomenen, Erfahrungen und Wegen, Welt- und Menschenbildern. Sie dient dem Dialog der verschiedenen Richtungen, fördert integrative Bemühungen und leistet Beiträge zur Forschung und Theoriebildung. Sie bietet Überblick, Orientierung und ein Diskussionsforum auf wissenschaftlichem Niveau.

Liebe und werde, der du bist

Erfahrungen, Einsichten, Hinweise, Übungen

Axel Klimek

256 Seiten, Broschur – ISBN 3-928632-73-6

„Wenn es etwas zu verändern gibt, dann kann ich die Verantwortung dafür übernehmen und es ändern." Dieses Buch hat das Potential, ein Leben zu verändern. Liebe, nicht als Gefühl, sondern als Verständnis, als Weg zu Ganzheit und Entfaltung: Was damit gemeint ist, beschreibt der Autor einfühlsam und klar. Eine neue innere Haltung wird entwickelt, in welcher der Mensch sich als Teil des Ganzen begreift. Schritt für Schritt führt der Autor – mit dem Fokus Trennendes zu überwinden – den Leser durch die wichtigsten Themen des menschlichen Lebens. Angefangen vom Annehmen eigener ungeliebter Anteile bis hin zur Erfahrung, mit der Welt ganzheitlich verbunden zu sein. Eine Fülle praktischer Übungen, die jeder für sich machen kann, und die das Gelesene konkret werden lassen, bilden einen aufeinander aufbauenden Übungsweg hin zu der Gewißheit von Liebe als stets vorhandener Kraft von Heilung und Erweiterung.

Transformation von Liebe und Sexualität

Lee Lozowick

264 Seiten, Paperback – ISBN 3-928632-74-4

Die Ausführungen des Autors zeigen Liebe und Sexualität nicht nur als eine bloße biologische oder psychologische Funktion, sondern als wichtigen und sogar heiligen Aspekt des Menschseins, wo Körper, Geist und Seele zusammenfließen.

Um dieses Ziel zu erreichen, muß der Mensch falsche Vorstellungen und Glaubenssätze und die ihnen zugrundeliegenden Blockaden überwinden. Hier bietet das vorliegende Buch wichtigen praktischen Rat.

Der Verfasser stellt deutlich den Unterschied heraus zwischen körperlicher Liebe (verhängnisvolle Anziehungskraft), emotionaler Liebe (sozial geprägte Gewohnheiten) und bewußter Liebe (Ausrichtung auf freiwillige Selbsttransformation). Er möchte in den Menschen einen Zustand des Staunens schaffen, so daß sie sich einer höheren Weisheit und der Möglichkeit einer wahrhaftigen Transformation von Liebe und Sexualität in ihrem Leben öffnen können und auf tiefere Weise der Transzendenz begegnen.

Die kommunikative Kraft der Liebe

Barbara Mettler-v. Meibom

Broschur, 208 Seiten, 10 Abb., ISBN 3-928632-66-3

Unsere Gesellschaft bietet eine Fülle neuer Kommunikationsmedien und dennoch nehmen Einsamkeit und Rücksichtslosigkeit im privaten und beruflichen Alltag ständig weiter zu. Auf der Suche nach einem Weg aus diesem Dilemma unterscheidet die Autorin Prof. Barbara Mettler-v. Meibom zwischen zwei grundlegenden Aspekten in Kommunikationsbeziehungen: der *communicatio* und der *communio*.

Letztere erwächst für sie aus der kommunikativen Kraft der Liebe. Wie kann sie verwirklicht werden? Bei der Beantwortung dieser Frage läßt sich die Verfasserin u.a. von der indischen Philosophie der Vedanta anregen. Sie zeigt in eindringlichen Bildern und Geschichten über Menschen und Alltagserfahrungen, welche Chancen und Möglichkeiten bestehen, wenn wir uns von der kommunikativen Kraft der Liebe leiten lassen. An die Stelle des Gefühls von Trennung und Einsamkeit kann das Wissen um die Einheit alles Lebendigen, deren Erfahrung und die Verantwortung für uns selbst und die Schöpfung treten.

Finde deine Ganzheit wieder

Mind Bridging – die Dynamik Holographischer Psychologie

Maria de Rocha Chevalley

ca. 376 Seiten, gebunden – ISBN 3-928632-58-2

Wir können unsere Ganzheit wiedererlangen, indem wir Teilstücke unseres Geist-Körpers wieder miteinander verbinden. Das geschieht durch den kreativen Umgang mit unseren Geist-Hologrammen, unseren Bewußtseins-Brücken. So stellen wir die Verbindung zu Unschuld, Spontaneität, Liebesfähigkeit, Mut und echter Lebensfreude wieder her. So entsteht wahrer Frieden in unserem Geist!
Indem die Verfasserin aus ihrer therapeutischen Arbeit heraus die Tiefe des holographisch-analytischen Geist-Körpers mit Hilfe ihrer intensiven persönlichen Erfahrungen durch zahlreiche praktische Übungen und hilfreiche Erklärungen auslotet, erklärt sie auf verständliche Art und Weise, was *Holographische Psychologie* und *Mind-Bridging-Dynamik* bedeuten. So ist dies nicht nur ein Buch für Psychologen, sondern für alle, die auf dem Weg zu sich selbst sind. Dieses Buch beschreibt einen neuen Weg.

Suche nach dem Sinn des Lebens

Willigis Jäger

Paperback, 272 Seiten, gebunden, **5. Auflage** – ISBN 3-928632-03-5

Preisträger amerikanischer Verleger

Alle wichtigen Themen des spirituellen Lebens werden von dem Zenmeister (Roshi) Pater Willigis Jäger in diesem Buch grundlegend behandelt und in Bezug gesetzt zur christlichen Mystik, aber auch zu den großen Traditionen der esoterischen Wege anderer Religionen, zu den Ergebnissen moderner Naturwissenschaft und zu den Erkenntnissen der transpersonalen Psychologie. Die psychologischen Aspekte des inneren Weges, seine Tiefenstrukturen und Stadien, der Umgang mit den Gefühlen und die Verwandlung des Schattens werden eingehend beschrieben. In diesem Buch geht es um den inneren Weg der christlichen Religion, um einen Bewußtseinswandel in der Gleichgestaltung mit Christus, um eine neue – von innen geprägte – Ethik, die Verantwortung für die Mitwelt übernimmt. Das Buch befreit zu einem sinnerfüllten Leben; motiviert, den inneren Weg zu gehen, provoziert zu einem neuen Denken und Handeln und tröstet in dunklen Stunden.

Aus der Mitte des Herzens lauschen

Eine visionäre Annäherung an die Craniosacral-Therapie

Hugh Milne

Gebunden, Großformat, 21 x 29,7 cm,
Band 1, 224 Seiten, 46 Graphiken, 9 Fotos – ISBN 3-928632-54-X
Band 2, 344 Seiten, 238 Graphiken, 125 Fotos – ISBN 3-928632-62-0

Der Verfasser führt den Leser ein in die Geschichte visionärer craniosacraler Arbeit – ihrer Entstehung, Entwicklung, Philosophie und Praxis. Der Autor erklärt, wie eine Erdung in Meditation, sensitive Berührung und intuitive Wahrnehmung zu einer bemerkenswerten Entfaltung der eigenen Fähigkeiten führen kann. Die schamanischen Wurzeln, die die craniosacrale Arbeit mit allen Formen heilender Berührung teilt, – ob Massage, Tiefengewebsarbeit, Energie-arbeit oder Handauflegen –, werden genauso dargestellt wie der Auftrag des Heilers, die Entwicklung von Wahrnehmung und Intuition und visionärer Diagnose. Der zweite Band von *„Aus der Mitte des Herzens lauschen"* enthält Einzelheiten über die Anatomie, Physiologie sowie die Energien und Techniken, die das wesentliche Herzstück visionärer craniosacraler Arbeit ausmachen. „Ein wunderbares Buch. So viele Weisheiten und Bücher in einem Buch." (Betty Balcombe)

Meditation und Transpersonale Psychotherapie

Der Alltag als Übung

Pieter Loomans (Hrsg.)

Paperback, 208 Seiten – ISBN 3-928632-60-4

Das Thema, das die einzelnen Beiträge als roter Faden durchzieht: „Der Alltag als Übung“, bezeichnet exakt den Punkt, an dem sich Transpersonale Psychotherapie und die verschiedenen Formen der Meditation begegnen und voneinander lernen wollen. Arbeiten über Vor- und Wegbereiter der Transpersonalen Psychologie wie C.G. Jung und Jean Gebser und von so bekannten Forschern und Autoren wie Rupert Sheldrake, Stanislav Grof und Tilmann Moser u.a. über ihre Erkenntnisse und Einsichten bilden den **einen** Kernpunkt des Buches. Beiträge über Wesen und Wirkung der Meditation von Willigis Jäger, Baker Roshi, Joachim Galuska, Ayya Khema, Pieter Loomans u.a. den **zweiten**. Weitere Aufsätze wie der von Ingrid Riedel über Hildegard von Bingen als große Einzelne am Anfang des Wegs nach innen, der von Michael von Brück über die notwendige inhaltliche Auseinandersetzung zwischen Christentum, Buddhismus und Hinduismus u.a. runden diesen Band ab. Es ist ein Lesebuch für Menschen, die nach ihrem Ort in dieser Welt suchen.

Das Vaterunser

Ein Weg für die persönliche und die globale Transformation

C.G. Weeramantry

Paperback, 272 Seiten – ISBN 3-928632-63-9

Dieses Buch ist eine zupackende Darstellung richtungsweisender Lebensregeln und zugleich eine Antwort, wie in einer Zeit ohne verbindliche Orientierung religiöse – und das heißt für den Autor: in allen Kulturen wirkende Prinzipien und Werte im praktischen, alltäglichen Leben und auf dem Gebiet der Rechtsprechung verwirklicht werden können. Im christlichen Kulturkreis sind diese in allen Weltreligionen gültigen Prinzipien besonders prägnant im Vaterunser zusammengefaßt. Es ist faszinierend, dem Autor zu folgen, wie er in diesem logisch-sachlich aufgebauten Werk zeigt, daß das Vaterunser nicht nur **das** Gebet des Christentums ist, sondern zugleich auch eine unerschöpfliche Schatzkammer an allgemein menschlichen und juristisch faßbaren Regeln und Rechten enthält. Ziel des Autors ist es, die hohen und zugleich einfachen Prinzipien des Vaterunsers in Regeln praktischen Verhaltens umzusetzen.

Der Weg des Propheten

In Berührung mit der Macht des Lebens

Thom Hartmann

336 Seiten, gebunden – ISBN 3-928632-71-X

In dieser wunderbaren, aus dem Leben gegriffenen spirituellen Abenteuergeschichte erfährt Thom Hartmann die verwickelten Fortschritte eines Pilgers am Rande des Chaos – sozial, politisch, psychologisch und spirituell – und entdeckt, daß es genau dort ist, wo das Leben am intensivsten erfahren wird und wir der Gegenwart Gottes am vollständigsten gewahr werden – und wo sogar unsere einfachsten und geheimsten Aktionen, in einer Art von göttlichem Schmetterlingseffekt, die Welt transformieren können. In den Begegnungen mit dem international bekannten Gründer der in vielen Teilen der Welt entstandenen Salem-Kinderdörfer, Gottfried Müller, hat der Autor all dies erleben können. Hartmann beschreibt dabei seine eigenen, im alltäglichen Leben getesteten praktischen Techniken, wie man zum wahren Leben und der göttlichen Gegenwart erwachen, und wie man seine alltäglichen Aktionen mit weltverändernder Kraft aufladen kann. Das ist es, worum es wirklich geht. Dieses Buch zu lesen, kann das Leben verändern.